首阳教育书系

从教学实践到教育智慧
——中学一线行思录——

白建元 著

陕西师范大学出版总社 西安

图书代号　JY24N2094

图书在版编目（CIP）数据

从教学实践到教育智慧：中学一线行思录／白建元著.
西安：陕西师范大学出版总社有限公司，2024.12.
ISBN 978-7-5695-4727-6

Ⅰ.G632.0
中国国家版本馆CIP数据核字第2024QY6930号

从教学实践到教育智慧——中学一线行思录
CONG JIAOXUE SHIJIAN DAO JIAOYU ZHIHUI——ZHONGXUE YIXIAN XINGSILU
白建元　著

出版统筹	刘东风
责任编辑	韩迎迎　秦友会
责任校对	王　磊
封面设计	吕　剑
出版发行	陕西师范大学出版总社
	（西安市长安南路199号　邮编710062）
网　　址	http：//www.snupg.com
印　　刷	中煤地西安地图制印有限公司
开　　本	720 mm×1020 mm　1/16
印　　张	13.5
插　　页	1
字　　数	198千
版　　次	2024年12月第1版
印　　次	2024年12月第1次印刷
书　　号	ISBN 978-7-5695-4727-6
定　　价	38.00元

读者购书、书店添货或发现印装质量问题，请与本公司营销部联系、调换。
电话:(029)85307864　85303629　　传真:(029)85303879

序　言

　　走出大学校门，我就来到了顺德，投身到了顺德教育的事业中。理想的种子，一旦播下，就在热血中奔腾，化作岩浆，在教育的热土中尽情释放。20年来，我先后与凤城中学（2017年更名为凤城实验学校）、顺德区第一中学外国语学校、顺峰初级中学建立起工作关系，参与了教育教学、课程改革和学校管理多方面的工作。经历告诉我：面对不断变化的实际和现状，教育是需要不断探索、调整和改变的事情，教育工作者要有永不停歇的追求和勇毅。

　　在凤城中学的岁月，作为年轻的历史教师，我在执教的过程中将自己的反思和实践写了下来。文字中虽然散发着读书人的不精时务和偏颇，但也不失初为师者的纯粹和初心。从《初中历史教学的定位与教学反思》和《运用乡土史料提升学生家国情怀的策略》中，可见一斑。后来，我有幸参与并主持了学校"分层走班"教学研究、实施和管理，同时还参与并主导了教师动态职级制的探索和实践。做这些工作的过程中将整个学校的教学和教师放入自己的研究范围，大大拓宽了眼界和视域。用新的观念和做法改变原有的机制，"破"与"立"的冲突与平衡，更增长了自己的胆识和魄力。《初级中学"分层走班"教学管理策略》和《"分层走班"教学与学校核心竞争力的提升》等累积了我和同事们的实践经验，也成就了我作为学校管理者的初始沉淀。《基于中小学教师职后专业发展的职级制度研究课题报告》《唤醒教师职业发展的新动力》等，让我有机会参与到学校更内核的工作中，面对更为复杂的学校内部关系处理，累积下难得的、宝贵的经验。机遇成就阅历，阅历提升见识，我非常感激一路走来总有贵人相帮提携，给了我勇往直前的信心和勇气。

我有幸加入顺德一中外国语学校教师团队,主抓学校教学工作,和同事们结下了深厚的情谊。面对新的学校的校情如何更为有效地开展工作？以前养成的联系群众的工作作风和重视调查研究的工作方法帮了我大忙。通过深入调查,细致分析,我将"思维课堂"和"深度学习"的理论和方法植入新的课改,取得不错的收效。《新高考视域下初中拔尖创新人才培养的探索与思考》《多元课程为学生多彩人生奠基》等,便是我在一中外国语学校短短两年中的一点收获。

2021年我入职大良顺峰初级中学,开始全面负责学校事务。需要考虑的事情多了,肩上的担子也重了,但我清醒地认识到：要始终以学习者、思考者、探索者、实践者的姿态迎接新的变化和挑战。近年,我把更多的精力投放在学校日常事务的处理中,但仍然坚持挤出时间用于反思和总结。《建设基于学生发展核心素养的课程体系——以顺峰中学"和美人"课程体系建设为例》《现代治理对学校公共关系的重构——以顺峰中学现代学校管理制度为例》和《大单元主题教学实践与思考》等,算是我近几年在学校课改和学校治理改革方面的些许收获。

汉字中的"道",意蕴丰厚而深刻。它最少有三层意思：一是指规则和规律,"大道至简",其中的"道"就是讲规则和规律；二是指行得通的路径,"道路"之"道"指的就是这个；三是指表达、言说,"道白"之"道"就包含了这个意思。教育工作价值就在于探寻教育之"道"的过程,教育工作者不断思考,不断研究,不断实践,不断总结,不断调整,直至发现其普遍的规律,才是他们发现教育科学的必经之路。

我将这些年零星的习作收集起来,姑且作为从教生涯所思所行阶段性的"打包",就以"行思录"名之。

这是我真心表达的,是为序。

2024年5月

目 录

学科教学 >>>

初中历史教学的定位与教学反思　　　　　　　　　　　　／003
"教学案"对构建初中生历史学习认知能力的实践研究　　　／010
运用乡土史料提升学生家国情怀的策略　　　　　　　　　／019
"清朝前期社会经济的发展"与乡土史料融合教学的思考　　／046
选择·指向：史料选择与教学设计立意指向探微　　　　　　／054

教学策略 >>>

"教学案"的应用与学生认知方式的改变　　　　　　　　　／063
分层走班教学制度研究　　　　　　　　　　　　　　　　／066
基于"学生个性化发展"的校本改革　　　　　　　　　　　／075
"分层走班"教学与学校核心竞争力的提升　　　　　　　　／081
初级中学"分层走班"教学管理策略　　　　　　　　　　　／085

育人策略 >>>

浅谈走班教学背景下的学生管理　　　　　　　　　　　　／113

新高考视域下初中拔尖创新人才培养的探索与思考 / 121

顺势而为勤钻研　厚积薄发逐梦想 / 127

建设基于学生发展核心素养的课程体系

　　——以顺峰中学"和美人"课程体系建设为例 / 130

守本悟心：卓越教师的内涵发展 / 138

学校管理 >>>

唤醒教师职业发展的新动力 / 145

基于中小学教师职后专业发展的职级制度研究课题报告 / 150

登高山而知天之高，临深溪而知地之厚 / 175

多元课堂为学生多彩人生奠基 / 179

高质教育归本素养提升　卓越课堂依托深度教研 / 182

"双减"背景下减负提质中的"增" / 186

现代治理对学校公共关系的重构

　　——以顺峰中学现代学校管理制度为例 / 190

大单元主题教学实践与思考 / 197

学科教学

学科教学,是教师首先的、基础性的工作,是教师工作价值最本质的体现。其专业性的基本表现是教师的知识架构和课堂经验的累积。做到这一点,肯定是必要的,但这距离我们的目标还远远不够。学科教学,还需放在研究、探索实践乃至科学发现的层面来考量。作为一线教师,摆脱经验的桎梏,摆脱惯性的羁绊,确实是一件具有挑战意味的事情。跳出舒适圈,主动选择挑战,应该成为教育工作者的常态。我接受这样的常态,并愿意继续保持常学常新、常教常新的心态。

学科教学

初中历史教学的定位与教学反思

义务教育阶段初中历史学科旨在对学生进行人文素质教育,培养学生的创新精神、社会实践能力和社会责任感,促成学生的社会性发展。随着佛山市升高中阶段历史学科考试(2008年—2010年)制度的日益成熟,试题也越来越注重将知识、能力、素质考查融为一体,充分体现了对学生科学与人文素养的要求,有助于培养学生的终身学习能力。教、学、考的融合给我们一线的历史教学工作者带来了反思与启发。

一、正本清源,让历史课堂更具生命力

笔者在历史教学工作中非常注重对学生历史兴趣、思维能力、终身学习能力的培养,也对学生应对升高中考试的方法、策略、有效课堂教学模式略有研究。对比三年来的升高中考试的题目后发现:第一,中考题目没有想象中的那么难、那么偏,题目越来越体现出新课改的理念,灵活多变,符合初中阶段学生的心理特点。第二,对教师的要求越来越高,特别是对《全日制义务教育历史课程标准(试验稿)》(以下简称《课程标准》)与《佛山市高中阶段学校招生考试说明》(以下简称《考试说明》)的理解与把握要更为精细与准确。第三,试题当中出现的材料很多来源于初中或高中的课本,源于教材,又不拘泥于教材,所以题目对教材的依赖逐步加强,亦体现了初高中衔接的理念。第四,试

题的语言简练,文字表述准确,不超出《课程标准》与《考试说明》的要求,知识点覆盖广,有较高的可信度和区分度。

显然,升高中考试的试题对课堂教学有一定的指引倾向,那么我们平时的课堂教学是对学生学习能力的培养还是应试能力的培养?答案是显而易见的。反思自我,在平时的教学中,对《课程标准》与《考试说明》理解不够准确,往往把教材的内容拓展得比较深、比较远,脱离了课本。编制的题目过分注重某一个问题的细节,往往非选择题过分注重对学生记忆能力的考查,题干的文字复杂,知识的迁移与运用过多,本末倒置,使课堂与练习没有达到最佳效果,使学生学习历史学科的兴趣缺失。

二、自我反思如何"教"

在新课改探索的几年时间里,考试的指挥棒依旧发挥着强大的功能。不论什么样的教学模式、什么样的课型概不能免俗,通过分析我市近年的中考试题,素质教育和新课改理念有充分的体现,对平时的教学具有相当的指导意义。

(一)重视教材中的地图,培养学生的识图能力

让学生运用历史地图理解与掌握历史知识是新课改的要求之一,学生对历史疆域图、形势图、路线图、河流分布图、城市平面图的识读,也是学生综合素质的体现。如佛山市 2008 年中考试题的选择题第 2 题"如图 1-1,公元 5 世纪末北魏孝文帝力排众议,迁都于(　　)。"

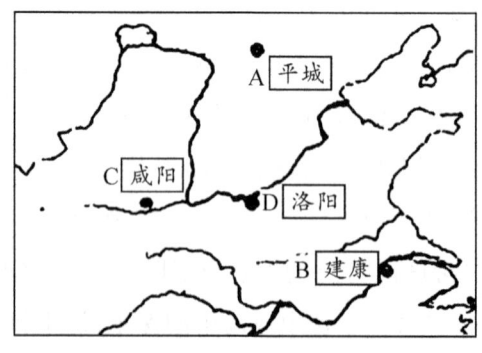

图 1-1

其实题目并不难,通过对"平城""咸阳""洛阳""建康"在时空上的辨析,以及对四个城市发生历史现象的变化而考查学生的能力。佛山市2010年中考试题的选择题第1题"如图1-2,镐京与曲阜的关系是(　　)"

  A. 王都与封国都邑　　　　B. 均为封国都邑
  C. 王都与郡府　　　　　　D. 均为郡府

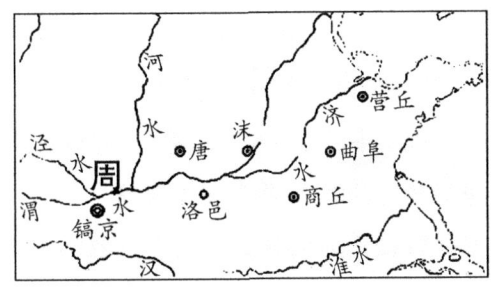

图1-2

本题通过识图,辨析镐京与曲阜的关系,旨在考查考生对"授民授疆土"的理解与掌握,从学科教学角度来讲分封制的设定是为了凸显先秦时期的社会变革。把历史地图作为命题素材对分封制内容进行考查具有创新意义,答案区分有一定的难度。

其实,这两幅地图都来源于教材,以历史地图作为命题素材来考查学生的地图素养,是一种比较常见的考查方式,也提醒我们在平时的教学中要注重学生综合素质的养成。与教材配套的《中学历史地图册》《中学历史填充图册》,这些地图都是经过编写者精心筛选而设置的,是非常丰富的教学资源,如果能合理有效使用,对提升学生的学习兴趣、史学素养、创造力和时空把握能力会起到很好的效果。

(二)准确把握《课程标准》《考试说明》,正视其对教学的指导作用

《课程标准》与《考试说明》是指导我们教学的纲领性文件,对这两个文件内容的准确把握体现了一名教师的史学专业素养,同时也是评价教学成果的标准之一。

佛山市2010年中考题第2题:"从通行的便利性看,隋朝赵州桥在造桥技术上的创新设计采用(　　)A. 单孔石拱　B. 平拱　C. 多索斜拉　D. 多孔曲拱",据统计这道题目得分率仅仅只有 8%,平均分只有 0.16 分,这是一个令人大跌眼镜的分数,这道题目真的很难吗?我们且看《课程标准》的要求:"知道都江堰、长城、大运河、赵州桥、北京故宫,体会中国古代劳动人民的智慧和创造力。"看似简单,其能力要求仅仅是"知道",但在教学的过程中往往忽视了对"智慧和创造力"的认识,赵州桥在技术上的创新不就体现在采用了"平拱"吗?在北师大版七年级下册课本的第 42 页写明了"赵州桥的设计开创了世界平拱桥建筑的先河"。反思其得分率超低的原因,其实就是没有准确把握《课程标准》的要求,自然在教学中没能准确理解教材,导致教学中出现盲区。

(三)养成有效获取信息的能力,提升史学素养

阅读、分析、理解材料提供的信息是历史学科教学中十分重要的方法之一,而材料选择题、材料非选择题的考查方式也是体现学生历史综合思维的重要手段,而且题目中所选用的材料不少是学生没有见过的,那么对材料整体的理解与把握就显得尤为重要。

如佛山市 2010 年中考题第 4 题:《金史》有"声如雷震……人与牛皮皆碎迸无迹,甲铁皆透"的战争场景描绘,对此解释不正确的是( ) A. 战争场面惨烈　B. 火药已应用于军事战争　C. 火药的使用改变了战争结局　D. 火药威力巨大

通过阅读材料可以得知此题考查的是"火药"的发展与传播,但题目要求考生选择对材料认识不正确的选项,所以考生可以用排除法确定符合题意的答案,重在考查考生对材料的理解能力。这种信息的获取考查的是学生对材料的整体把握能力,其实也提醒广大历史教师在平时教学中要注意对历史材料整体的把握,避免对材料简单的断章取义的解读,失去对材料的整体性理解就不可能全面客观地理解历史。

佛山市 2009 年中考第 8 题、2010 年中考第 16 题等题目与此类似,这一类题目就是要求学生通过阅读、理解、分析,从而获取有效的信息,准确把握历史事实与考查核心问题之间的联系,从而甄别、筛选,真正做到"史由证来、证史一致"。

（四）教学"正其道""修其理"

任何一门学科都有其客观的教学规律，2010年佛山市中考题所有的题目设置都有意识地纠正教学中的急功近利现象，不少学校为了中考，忽略了历史学科的学习规律，对于此前中考试题涉及过的知识点有意识地不重视，甚至忽视，想当然地认为哪些知识点不会考查，哪些知识点去年或前年考查过，今年不会出现，于是就出现了只重知识而忽视学科体系，不重视引导学生通过系统的学习和复习构建知识体系，把历史学科素有的知识体系搞得支离破碎。所以2010年的中考题有意识地引导师生重视对课本的学习，以正本清源。

例如，佛山市2008年中考第3题与2009年中考第2题考查孔子的思想，2009年中考第3题与2010年中考第5题考查多民族国家的统一，2009年中考第16题与2010年中考第10题考查辛亥革命的影响，2008年中考第14题与2010年中考第18题考查的都是"大跃进"与"家庭联产承包责任制"……从试题看，如果忽视课本、不重视系统学习、一味对考试进行猜测而不踏实备考，是无法应对中考的。

三、怎样指导学生"学"

新课改环境下，学生是课堂教学的主体。教师必须在尊重学生心理需要的前提下，把学科特点与考试要求相结合，提高学生学习的能力，改变学生学习历史只靠死记硬背、只注重课本知识，不懂得运用历史思维的现象。

（一）培养学生合作探究的能力

【案例】北师大版七年级下册关于"民族英雄"的辨析问题，教师可以通过表格形式纵向地比较岳飞、文天祥、戚继光、郑成功等历史人物的事迹，让学生正确把握"民族英雄"这一概念。

合作探究：通过理解郑成功收复台湾，比较岳飞、文天祥、戚继光、郑成功的历史功绩，分析、理解"民族英雄"这一概念。

这样一种问题式合作探究题，教师仅仅是将设计好的情境给了学生，并没有明确"民族英雄"这一概念，而是让学生自主探究。一方面可以增强学生之间的合作意识、集体意识,充分体现了新课改还课堂给学生的理念。另一方面学生通过讨论,运用历史比较法,比较四位历史人物的历史活动、历史功绩、面对的不同历史环境与历史任务,完成表格内容。分析岳飞、文天祥面对的是国内民族之间斗争,属内部矛盾,而戚继光、郑成功面对的是外来侵略,属于民族矛盾,从而得出正确的理解:民族英雄指"捍卫本民族自由、独立和利益,在抗击外来侵略的斗争中表现得无比英勇的人"。

通过这样的方式得出的结论学生必然记忆深刻,牢记在心,亦不会觉得课堂乏味无趣。当然,这一教学环节最终目标不只是得出正确结论,而是培养学生的历史思维能力、分析比较能力、甄别能力,让学生在课堂中体会历史学科学习的乐趣与成就感。所以尊重学科规律,就是把新课改理念落到实处,以提高课堂教学的时效性,同时培养学生学习的能力。

(二)帮助学生建立"全面"的宏观思维方法

在2010年佛山市中考《考试说明》中考试原则第三点这样规定:"(历史中考)符合义务教育阶段终结性学业考试的规律和要求,以能力立意,将知识、能力、素质考查融为一体。考查考生对基本历史知识和对人类历史发展基本脉络的掌握程度,以及初步的科学与人文素养。重视运用新材料、新情境,试题要尽量贴近学生生活、贴近社会,体现时代性。"解读这一原则:首先,中考符合历史学科的长远发展规律,以新课改为理念,以学生的发展为目标;其次,中考渗透了历史学科意识,注重学生历史思维和人文素养的培养。当然,仅仅解读《考试说明》对于学习历史、参加中考是远远不够的,还必须帮助学生建立学习历史宏观思维。

第一,串起重大历史问题的线索。把相关考点放在一起综合学习,通过挖掘考点之间的内在联系,指导学生梳理重大历史问题的发展线索,并加以拓展延伸,帮助学生把这些线索串联起来。例如:中国古代对外关系。这样既能加深学生对历史知识的理解、提高学生归纳问题的能力、激活学生学习的能量,还有利于优化教学,提高课堂效率。

第二,提高学生关注时政热点问题的敏锐度。热点问题、时政问题是选拔

性考试常见的材料,2010年是不平凡的一年,世博会、中日关系、中美关系等一系列重大时政热点问题,成为各类考试必然的素材,对于升高中考试的命题来讲也不例外。把这些问题与《考试说明》衔接在一起,进行比较、研究,并在课堂教学中优化这些素材。

第三,引导学生建立专题知识结构。专题教学是历史课教学的一种常见课型,指导学生建立专题史知识结构,对于学生记忆知识、梳理本专题历史现象发生与发展的线索、探究历史知识的内在规律、锻炼学生学习历史的能力等都是相当重要的。通过解读《课程标准》与2010年佛山市中考《考试说明》的相关内容,有不少主题可以构建专题知识结构,如中国近代化历程、新中国经济建设史、英法美资产阶级革命史、美国史、三次科技革命史等都可以作为专题进行教学。

（本文完稿于2010年10月）

"教学案"对构建初中生历史学习认知能力的实践研究

我与同事自 2010 年起开始探索"教学案"(即教案与学案相结合)的使用,形成了些许认识。"教学案"的设计基于学生的认知特点,在实践过程中可引发学生认知能力的变化,体现学习的先占性、发展性、多维性、整合性等特点。"教学案"的使用有助于提升学生自主学习的能力,使学生学会质疑、释疑,积极参与课堂,进而确立学生在课堂学习中的主体地位,提高了初中学生历史学习的认知能力。

一、"教学案"在教学过程中实施的背景

随着课堂教学改革的不断深入,初中历史课的教学理念朝着有利于学生学习历史知识的方向转变,倡导学生积极主动参与教学过程,敢于提出问题,学习分析问题和解决问题的方法,从而提高初中生历史学习的认知能力。

认知能力指接收、加工、储存和应用信息的能力。它是人们成功完成活动最重要的心理条件。知觉、记忆、注意、思维和想象的能力都被认为是认知能力。美国心理学家加涅提出三种认知能力:言语信息(回答世界是什么的问题的能力);智慧技能(回答为什么和怎么办的问题的能力);认知策略(有意识地调节与监控自己的认知加工过程的能力)。

然而,长期以来在初中历史课堂教学中形成的固有教学方式、教学思维,很难突破和有效解决转变学生学习方式及提升认知能力的难题。诚然,目前的很多教学活动由独白式教学走向对话式教学,师生互动增多,但这些互动几乎都是一问一答,课堂教学实质与独白式教学无二致。另一种情况就是在课堂教学中,教师预设问题,采取小组合作的方式,有意识地让学生讨论探究,这种形式貌似将课堂还给学生,体现了学生的主体地位,探其实质仍是通过问题牵着学生鼻子,学生的学习仍跳不出教师的手掌心。综上,学生对历史学科或者历史的认知能力依旧停留在教科书或者教师所传授的历史知识的范围内。那么,如何解决这个问题呢?

对于这个问题的探索和改革,不少人做了尝试。而笔者所在的学校自2010年起开始探索在课堂教学中使用"教学案",即教师的教案与学生学案相结合的文稿。到目前为止,此项举措虽还有争议,但不得不说其出现和使用成为解决上述问题的有效抓手之一。即通过教师课前预设"教学案"情境,引导学生预习新课,使学生在原有知识、经验的基础上,发现问题、思考问题,构建新的知识和经验,从而激发学生自主探索和发现问题的能力,发展学生的认知结构。教师通过"教学案"创设情境,学生根据自身内在的需要参与到学习中,提高学习的主动性与积极性,从而发展学生对历史学科的认知能力。这一举措也确实带来了不少变化。

二、"教学案"设计的主要环节及特点

传统的历史课堂教学是教师通过事先备课、精选图片、故事、视频等内容,形成完整的课件,结合自身的知识体系、思维习惯预设学生学习的流程,把教材中的内容呈现在学生眼前,学生在课堂中跟随其后,接受新知识,经过内化形成自己的认知结构。这个过程正是学生发展思维、提高能力的最佳时期。但这样一种学习方式,对学生认知能力的提高作用是有限的。

认知主义者认为学习就是认知结构发展的过程。"教学案"的使用对教师来说是一种挑战,因为它给教学行为带来了诸多变化,而这些变化对学生的认

知能力以及思维的发展有积极的意义。

(一)"教学案"设计的思路及具体环节

知识准备:温故知新的同时强化知识点的过关。

新课预习:培养学生自主学习习惯的同时,让学生学会发现和提出问题。

课前2分钟朗读:检查学生的知识准备和预习情况。

新课引入:视学习内容选择课件、游戏、复习旧知识等形式,展示引入新课所需的情境、图片、数据、事例,从而引入新课要解决的问题。

质疑(穿插练习):学生提出在预习中存在的疑难问题。

探究(穿插练习):教师将学生提出的共性问题按知识的内在联系编好顺序,组织学生探究。

小结:学生合作小结。

巩固练习:精选典型例题。

反馈检查:检查效果,作为下节课教学的依据之一。

对学生来讲预习环节尤为重要,这个环节只要学生的态度认真,基本上可以完成。比预习更重要的是发现自己不会、不懂或感兴趣的问题,将其记录在"教学案",并在课堂当中提出这些问题,以引发同伴、教师的探究兴趣。这一环节可以切实帮助学生发展,如提升阅读、记忆、理解、思维等能力。同时,学生完成课堂学习后几乎没有课后作业,减轻了学生的作业负担。

(二)"教学案"设计依据学生认知特点

第一,"教学案"使学生成为学习的主体,体现了认知的先占性。使用"教学案"的目的就是为了转变教师、学生在学习过程中的角色。不论是预习、质疑、解疑,还是在课堂训练学生的语言表达能力、合作探究能力、资料整合能力、兴趣发展能力,都旨在体现学生的主体性,教师仅仅起引导、配合作用。而学生根据自己的知识储备,对所学内容有初步的认识与理解。

第二,"教学案"使学生参与完整的学习过程,体现了认知的发展性。"教学案"设计的几个主要环节,如知识准备、新课预习、课前2分钟朗读、新课引入、质疑、探究、小结、巩固练习、反馈检查等,是一个完整的学习过程,有助于

培养学生认识事物发展的内在规律,而在平时学习中我们不刻意追求课堂学习的完整性,只要有助于学生阅读、理解、表达、思维等能力的提高,课堂就是高效的。因此"教学案"对学生的认知结构具有发展意义。

第三,"教学案"促使学生主动思维,体现了认知的多维性。学生通过预习新知识,对知识、事物有一个初步的认识。而学生的设疑点比较广泛,也有利于其发散思维的培养。学生的质疑能力之强、提出的问题之广,有时令教师甚至无从下手去解决。如果学生已有的知识对解决新的问题有困难,那么势必激发学生探究的兴趣,也有利于培养学生的学科兴趣。随着时间的推移,学生能够针对课文重难点质疑,从而引发讨论、思考,这样更有利于学生思维能力的培养,使思维具有多维性。

第四,"教学案"有助于学生对历史史实进行感知、记忆、思考、理解、判断等,体现了学生认知能力的整合性。"教学案"的实用性、时效性有助于培养学生学习历史学科的兴趣,锤炼学生对历史问题认识的思维过程以及相应的解决问题的能力,对学生后续学习有很大的帮助。

三、"教学案"的实践给学生认知能力带来的变化

美国教育心理学家杰罗姆·布鲁纳认为:发现学习是指学生在学习情境中通过自己的探索寻找来获得问题答案的学习方式。"教学案"的出现,给学生提供一个预习的情境,学生通过自主学习,质疑学习中遇到的问题,课堂中与教师、同学合作互助,实现以教师为主导、学生为主体的学习过程,从而促进师生共同发展。

(一)改变学生学习精力的分布,调整学生认知的过程

传统的学习方式是学生主要在课堂中听课,课后通过练习巩固知识。究其实质,这是一个被动的学习过程。"教学案"使学生的学习着力点发生变化,主要集中在课前和课中。在集体备课时,教师设计好学生预习的内容,大概有以下几种形式,包括填空、完成历史线索提纲、完成某一典型例题等,但不论哪种形式,都是旨在引导学生自主学习,鼓励学生调整认知过程。

第一种通过填空题的形式,引导学生预习,对所学内容有一个初步认识。这种方式相对简单,只需要学生的阅读、理解、动手填空能力,对学生的思维、质疑、合作学习的能力没有多少提高。考虑到初一学生的认知能力有限,预习的题目和内容必须符合学生的实际能力,因此我们在七年级阶段基本使用填空题的形式。因为填空题简单而容易完成,有利于保持学生对历史学科的兴趣。

到了八年级,学生的学习能力、知识储备、认知能力都有了进一步的提高,因此我们在预习这个环节基本设计的是第二种形式,即完成历史线索提纲,如图1-3所示八年级下册第4课"社会主义制度的确立"预习提纲:

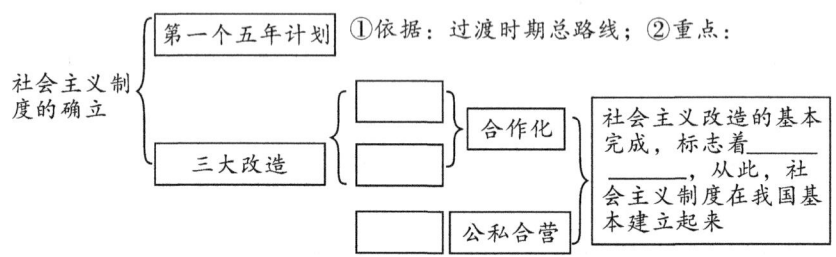

图1-3 "社会主义制度的确立"历史线索提纲

这种提纲的形式有利于学生自主梳理课本的知识体系,发展学生归纳概括的能力,并能够锻炼其一定水平的思维能力。学生要想独立完成这个提纲,在课前必须认真去预习,必须通过独立的阅读、理解、思考、归纳、概括来完成,这样有利于学生认知能力的进一步发展与提高,也促使学生保持对历史学科学习的挑战感,保持学习的兴趣。

第三种预习的形式,是完成某一典型例题,试图引导学生结合自己已有的知识,通过独立深入的思考来完成题目。这种形式相对来讲要求比较高,主要在九年级使用,因为这一阶段学生通过前两年的学习,学习能力有了很大的发展,加上九年级时还涉及升高中考试的任务,因此需要学生去适应这种形式。在学习九年级上册第8课"改变世界面貌的蒸汽革命"时,我们所设计的预习内容就是一道问答题:"英国最早进行工业革命的前提和条件是什么?"

看到这一类的题目,学生必须结合教材、教辅资料,甚至是利用网络自己

查找资料,通过比较为什么工业革命最早发生在英国,而不是美国、法国、中国,就自然明白英国所具备的条件:资本主义制度的确立、工场手工业很发达、殖民掠夺积累了资本、圈地运动提供了大量自由劳动力等。

这样有助于改变学生被动学习的习惯,因为预习的内容在课堂学习中,基本就是对答案,学习过程和时间比较短。节省下的时间以便更充分地解决重难点问题,当然对于如何落实预习效果也是教师研究的任务之一。

(二)通过发现问题与提出问题,激发学生探究性学习的兴趣与认知能力

"疑是思之始,学之端",陆九渊认为"为学患无疑,疑则有进"。在平时的学习中有"疑"才会深思,思维才会进一步打开,思维才会有方向。然而将"疑"提出、"质"出的过程,才是有创造性学习的过程,才会不断激发学生学习的兴趣,开发思维,提升认知能力。

在设计"教学案"的过程中,每一个课时都要求学生至少提出一个问题,这样对改变以往固有的学习方式还是有效果的。在过去的学习中学生很少主动发问,其原因有研究者做了研究,表明与学习的习惯、环境、性格、教师的引导、传统文化等因素有关。笔者认为,如果从学生刚开始接触这门学科就鼓励、引导学生质疑,会有意想不到的效果。在七年级时学生提出的问题一般会很大、很空,没有什么针对性,教师有时候很难解决,但重在引导。到了八年级时学生的问题有了一定的针对性,有了具体的落脚点,说明经过训练,学生的思维、疑问开始有了方向。例如:

2012年3月27日,初二十六班学习"祖国统一的历史大潮"时学生提出以下问题:

问题一:"一国两制"的意思是什么?

问题二:港澳问题与台湾问题有什么区别?

问题三:台湾问题为什么迟迟不能解决?

看到这些问题,你不得不为学生的质疑能力感到欣慰,几乎把教材中要学的重难点都呈现在我们的面前,教师只需将这些问题再抛给学生,引导其思考、讨论、解答。学生充分讨论,自由发言,显然这个过程比教师提问、学生回

答更有价值。学生提出问题说明学生在自主学习的过程中是有思维的,学生能得出答案说明学生的思维得到了延续。提出问题属于创造,回答问题属于解疑、释疑。英国哲学家波普尔说"正是疑问和问题激发我们去实践、去学习、去观察。"随着时间的推移,到了九年级,学生提出的问题更有内涵和价值。例如:

英国既然实现了民主政治,为什么不取消国王呢?

蒸汽革命和洋务运动的异同?

巴黎公社维护谁的利益,它的革命精神是什么?

……

实践表明,学生提出的超乎教师想象力的有思维含量的问题不胜枚举。

关于质疑的时机,有教师喜欢课前质疑,有教师喜欢课后质疑。笔者以为,时机不同,其意义也有很大的区别。选择在课前质疑其优点在于有利于培养学生的发散思维,有利于学生个性的发展。因为新课内容没有学习,学生的思维没有被束缚起来,提出的问题可能是学生真正感兴趣的,也可能是学生不懂的。课前质疑对老师的备课要求很高,对老师的知识视野、知识体系、课堂驾驭能力、课堂机智都是一种挑战,因此应该说是有一定难度。选择课后质疑,是学生在学习的过程中依据课本、练习、学案提出的问题,这些问题能够有的放矢,具有针对性,甚至与考试的需求有很大的关联。这时,思维有点被束缚的感觉,视野没有那么开阔,有点循规蹈矩的意思,提出的问题可能不是学生感兴趣的,但一定是学生不会的。

这一过程充分体现了学生在学习中的主体性,有利于发展学生个性,培养学生创造性,储备知识,提升能力,也有利于学生学会学习。

(三)通过自主学习与合作学习,改变学生认知策略

埃德加·富尔在《学会生存——教育世界的今天和明天》一书中说道:"未来的文盲,不再是不识字的人,而是没有学会学习的人。"确实,学生的学习能力得到发展与掌握学习方法比学生学习知识更有意义和价值,"教学案"在使用中有几个比较集中的学习环节,这些环节对于开发学生的认知能力有积

极的作用。

第一个环节,学生要完成课文的预习与"教学案",因此学生要阅读、理解,分析课文的重难点,发现问题,提出问题并思考,有助于培养学生认识历史"是什么"的能力。

第二个环节,学生通过自学概括历史发展的线索,理清学习思路,改善自己的学习方法,提高对历史事件的认识能力,这是一个相对独立的思维过程,有助于发展学生解决"为什么"的能力。

第三个环节,学生在课堂当众提出问题(质疑),增强了学生自信,同时参与讨论、辩论有利于学生思维的发展。通过与同学、教师正面的思辨较量,构建一种开放、民主、和谐的课堂氛围,有助于培养学生解决问题的能力,即"怎么办"的能力。

第四个环节,当堂训练的题目一般都是很有针对性,因此新学的知识能够得到巩固、提升,使学生轻松学习,高效率学习,个性化学习。

通过以上几个环节,学生自主学习的时间、过程、效果得到保障,认知能力得到提高,相应地发展了学习的能力,学生不再拘泥于课堂,不再完全依赖教师,有了自己学习的进步与乐趣,对其今后的进一步学习有积极意义。

(四)"教学案"引导学生质疑,鼓励学生发展发散思维

笔者在目前的教学循环中一直坚持使用"教学案"。一开始,学生由小学升到初中面临学习环境、学习习惯、教师教学风格等变化,以及受到固有学习思维的影响,自主预习效果并不好,敢于质疑的学生凤毛麟角。经过不断的努力,学生领会了自主学习的意义,高效低负,拓宽了知识面,提升了兴趣,质疑水平也有了明显的提升。目前虽已是初三,学生仍能够坚持在课堂上提出5到6个问题,思想也更为活跃,问题的涉及面也越来越广。如:

在学习九年级下册第4课"'大危机'与'新政'"时,何幸兴同学就提出:斯大林模式与罗斯福新政结果为何不同?从这个问题看出学生的思维能够横向比较,兴趣在扩大,视野在扩大,总之朝着发展学生认知能力的方向变化。

(五)"教学案"使学生学业成绩显著改善

经过两年多时间对"教学案"的坚持使用,学生由被动学习转变为主动学习;由被动思考教师提出的问题,到主动质疑、释疑、辨疑、归纳知识等;通过掌握历史事件、历史人物活动、历史政治经济变迁等形成自己的知识结构。这个过程也有助于提升学生的学业水平,学生成绩在历次区级质量统测街道同类学校中一直居于领先位置。当然学业成绩的提高因素是多方面的,但"教学案"的使用对学生学业成绩带来的积极意义也十分明显。

四、结束语

学生的认知过程是有规律的,"教学案"的使用让学生成为学习过程的主体,不断训练学生质疑的能力,学生通过合作学习、探究学习学会释疑的方法,培养学习的兴趣,提高历史学习认知能力。

参考文献:

[1] 关萍.如何在课堂教学中培养学生的质疑能力[J].教学与管理,1999(5):43.

[2] 林剑影.鼓励质疑教材培养学生的探究创新能力[J].教学与管理,2002(36):73-74.

[3] 唐成斌.中学生发现问题和提出问题能力培养的研究[D].重庆:西南师范大学,2001.

[4] 欧阳文.学生无问题意识的原因与问题意识的培养[J].湘潭大学学报(哲学社会科学版),1999(1):128-131.

[5] 赵红.历史教学培养学生质疑能力的一点体会[J].吉林教育,2011(23):119.

[6] 王旭.质疑意识培养途径浅探[J].现代中小学教育,2004(4):23-24.

[7] 王斌.加强学法指导培养认知能力:浅谈历史学科教学改革[J].科教导刊(中旬刊),2011(14):134-135.

[8] 宋红胜.浅谈高中历史教学中学生兴趣的培养[J].中学政史地(教学指导),2012(4).

[9] 赵恒泰.如何培养学生的学习能力[J].现代农村科技,2012(10):71.

(本文完稿于2012年3月)

学科教学

运用乡土史料提升学生家国情怀的策略

历史学科核心素养包括唯物史观、时空观念、史料实证、历史解释和家国情怀五个方面的内容,而家国情怀是这些素养中价值追求的目标。在初中历史教学中进行家国情怀的培养具有一定的现实意义。七年级学生才开始系统学习历史知识,应加强培养学生爱家、爱国的情感,如此有助于加强学校的德育教育工作,有助于学生传承中华优秀传统文化。顺德地区乡土历史资源丰富,地域特色显著,人文历史积淀厚重。以往教学实践表明,学生在学习中往往对有关自己家乡的人和事更感兴趣,更有情感,因此将乡土历史资源有机融入七年级历史教学中,更易在学生与历史之间形成强大的亲和力,从而提升历史课堂的魅力,丰富历史课堂的内涵,加强中华优秀传统文化教育,培养学生的家国情怀,促进青年教师拓宽历史教学的视野,提高运用乡土历史教学的自觉性。

一、乡土史料进入课堂教学的时代要求

党的十九大报告明确指出:"要全面贯彻党的教育方针,落实立德树人的根本任务,发展素质教育,推进教育公平,培养德智体美全面发展的社会主义建设者和接班人。"而2017年教育部颁发的《中小学德育工作指南》也明确提

出:"开展家国情怀教育、社会关爱教育和人格修养教育,传承发展中华优秀传统文化……引导学生了解中华优秀传统文化的历史渊源、发展脉络、精神内涵,增强文化自觉和文化自信。""立德树人"根本教育目标的实现途径之一就是充分发挥优秀传统文化的育人功能,挖掘其精髓,以达成目标,这是新时代党和国家提出的要求,是当前一切教育活动的最高准则。习近平总书记指出:"历史是现实的根源,任何一个国家的今天都来自昨天。只有了解一个国家从哪里来,才能弄懂这个国家今天怎么会是这样而不是那样,也才能搞清楚这个国家未来会往哪里去和不会往哪里去。"乡土历史作为地方发展传承的重要资源,在教育过程中有着十分重要的作用,特别是在养成学生热爱家乡、热爱祖国,培养民族自信、文化自信等方面具有显著的作用和意义。在初中生历史课程的学习中,部编教材是通识学习的材料,乡土历史可以作为补充融合到教学过程中,从而使学习内容更丰满,学习过程更生动。"家国情怀"核心素养的培养对提升初中生尤其是刚入学的七年级学生的综合素质和促进其健康成长具有重要意义。

二、乡土史料进入初中历史课堂的意义和价值

《义务教育历史课程标准(2011版)》指出:"历史教育对提高学生的人文素养有着重要的作用。义务教育阶段的历史课程,是在唯物史观的指导下,弘扬以爱国主义为核心的民族精神和以改革创新为核心的时代精神,传承人类文明的优秀传统,使学生了解和认识人类社会的发展历程,更好地认识当代中国和当今世界。学生通过历史课程的学习,初步学会从历史的角度观察和思考社会与人生,从历史中汲取智慧,逐步树立正确的世界观、人生观和价值观,提高综合素质,得到全面发展。"这也强调了历史教学在培养学生人文素养与价值观上的重要作用。家国情怀是教师必须传达给学生的必要价值观,也是对2011版课程标准要求的具体实践。

教育部《关于全面深化课程改革、落实立德树人根本任务的意见》指出："研究提出各学段学生发展核心素养体系,明确学生应具备的适应终身发展和社会发展需要的必备品格和关键能力,突出强调个人修养、社会关爱、家国情怀,更加注重自主发展、合作参与、创新实践。"历史学科核心素养包括唯物史观、时空观念、史料实证、历史解释和家国情怀五个方面的内容。在五大核心素养中,家国情怀素养的提出更能体现出立德树人这一教育的根本任务。基于此,在历史教学过程中,融合利用乡土史料,从而培养学生从历史的角度看待家园,加强国家认同与中华民族凝聚力。这一问题的研究对落实学科核心素养具有实践性,其价值包含以下几个方面:

(一)从教学的角度

笔者从事初中历史教学十多年,对初中生的历史学习和思想变化有较为细致的了解。在教学实践中,笔者认为"家国情怀"核心素养的培养还存在以下问题:部分教师在教学过程中以追求学生的成绩为目标,忽略家国情怀的养成;部分教师在教学中未能深挖通识教材中具有"家国情怀"的史料内涵,教学过程略显单薄;部分教师忽略身边存在的丰富的乡土历史,缺乏对乡土历史开发利用的意识,使得乡土历史不能很好地被传承,学生对家乡的认同感、认识程度低下;重智轻德、单纯追求分数和升学率,学生的社会责任感、创新精神和实践能力较为薄弱;学生的主体作用发挥还不够,使"家国情怀"素养培养没有完全落实,存在理论与实践有较大出入的状态。

(二)从课程实施的角度

《基础教育课程改革纲要(试行)》提出:"试行国家、地方、学校三级课程管理,增强对地方、学校及学生的适应性,各地要在达到国家规定课程的基本要求下,规划、开发并管理好地方课程、校本课程。"新课改不断深化和推进,初中校本课程应该与时俱进,适当开发和利用各种可用的资源来丰富教学课程。地方乡土历史文化资源是沟通学生与现实生活及所在地社会发展的纽带之一,将乡土资源运用于初中教学能丰富初中教学的内涵,也是校本课程的重要组成部分。

(三)从乡土文化传承的角度

顺德地区乡土历史资源丰富,地域特色显著。教学实践表明,学生在学习中往往对有关自己家乡的人和事更感兴趣,因此将乡土历史资源有机融入七年级历史教学中,更易在学生与历史之间形成强大的亲和力,从而提升历史课堂的魅力,丰富历史课堂的内涵,加强中华传统文化教育,培养学生的家国情怀。

(四)从教师发展的角度

将乡土史料融入历史课堂可以促进教师在教学过程中深研教材,探寻身边的乡土历史,提升教师对家国情怀素养的理解,丰富在教学实践中渗透家国情怀素养的策略。

三、支撑乡土史料在教学中培养家国情怀的理论

家国情怀是学习和探究历史应具有的人文追求与社会责任。学习和探究历史应充满人文情怀并关注现实问题,热爱家乡,热爱祖国,放眼世界,以服务于国家富强、中华民族伟大复兴和人类命运共同体的构建。在义务教育阶段,要求学生形成对家乡、国家和中华民族的认同,具有国际视野,有理想、有担当。

乡土历史文化资源,是指具有本土特色的自然景观、文物古迹、社会发展以及历史文化遗存等资源。包括有文本资源、历史实物资源和非物质文化遗产等。

从"主体性教育理论""最近发展区理论""教学过程最优化"和"情境教育"理论的基础之上,我们不难发现运用乡土历史资源在初中历史教学中具有可操作性。

(一)主体性教育理论

学生是自身生活、学习和发展的主体。学生在学校首先是在过一种生活,学习是其生活的一个有机组成部分;学习不再只是未来生活的准备,而是成了一种特殊的生活;评价学生学习活动的成效或价值,不能只看其对未来生活的作用,必须同时看其现在对主体的意义。现代教育过程应该是教师与学生双主体协同活动的过程。只有承认教师与学生分别是教育过程中不同方面活动的主体,才能既明确教师的责任,又把教师和学生放在真正平等的地位上,使双方的积极性都得到发挥。现代教育应把发挥好、培养好学生的主体性作为一项核心目标。体验和学习乡土历史,作为学生学习的内在驱动力,让学生在学习和活动中感悟家国情怀。

(二)最近发展区理论

维果茨基最近发展区理论认为,每个人都有两个水平:一是现实的发展水平,指由一定的已经完成的系统所形成的儿童心理机能的水平,即个体独立活动所能达到的水平;二是潜在的发展水平,指个体在成人或比他成熟的人的指导帮助下所能达到的解决问题的活动水平,现实发展水平和潜在发展水平两者之间的幅度为最近发展区。教学必须以学生现有水平为基础,从学生的潜在水平开始,通过教学把潜在水平转化为新的现有水平,把正在成熟的心理机能转化为成熟的心理机能,然后在新的水平上向新的发展区域转化。开发乡土历史资源就是让学生熟悉家乡,了解乡情,从而萌生爱国爱家乡的情感。以学生对家乡认知的水平作为起点,针对学生的认知特点,结合历史教材和乡土历史资源进行教学,更能培养学生对顺德历史的认同感,让家国情怀的培育水到渠成。

(三)教学过程最优化

巴班斯基认为教学过程最优化是指在教学过程中,教师在全面考虑教学规律、原则、任务、内容、方法和形式,以及系统特征及其内外条件的基础上,选择教学过程的最佳方案,组织对教学过程的控制,从而在规定的时间内,使学生在教养、教育和发展三个方面,获得最大可能的效果。巴班斯基认为教学过程最优化的基本方法包括:在研究该班学生特点的基础上,使教学任务具体化;根据具体学习情况的需要,选择最合理的教学形式和方法等,使学生的潜能获得最大可能的发挥。

(四)情境教育

情境教育是指通过创设情境,优化学生学习环境,使认知与情感相结合,实现学生主动学习与发展的一种教育模式。李吉林"情境教育"理论的创立经历了"三级飞跃"(情境教学——情境教育——情境课程)和"双重转化"(实践探索,形成理论——理论完善,指导实践)的过程。创设乡土历史的教学环境,让学生在真实的情境中探索,感悟乡土历史的家国情怀。

四、通过乡土历史进课堂要实现的教学目标

在教学实践中学生对于乡土历史既熟悉又陌生,学生并没有真正深入了解和研究相关乡土历史。我们通过对七年级学生进行问卷调查,分析七年级学生对历史教材的认识、对顺德地区乡土历史的了解和对家国情怀的理解,进而探索七年级乡土历史融合历史教学的初步策略。学科组内部通过对部编教材七年级课程进行整合、分析和解读,甄选顺德乡土历史有益于家国情怀培养的资源,对课程内容进行分析和整合,形成典型的教学案例,探索部编教材与乡土历史融合学习中培养学生家国情怀素养的策略与方法。我们定期组织学生到顺德历史博物馆等地进行实地考察,逐步形成校本读物,为运用乡土历史提升七年级学生的家国情怀提供具体思路。教学实践中,青年教师对于学生核心素养培育的理解不断加深,通过广泛的阅读与乡土历史真正融合,在教学实践实地考察中不断总结,撰写教学论文、教学设计和案例分析,探究和解决课题中的新问题。在教学实践过程中总结乡土历史融入历史学科教学的实施和操作的流程图(图1-4),形成该课题

的实践模式。

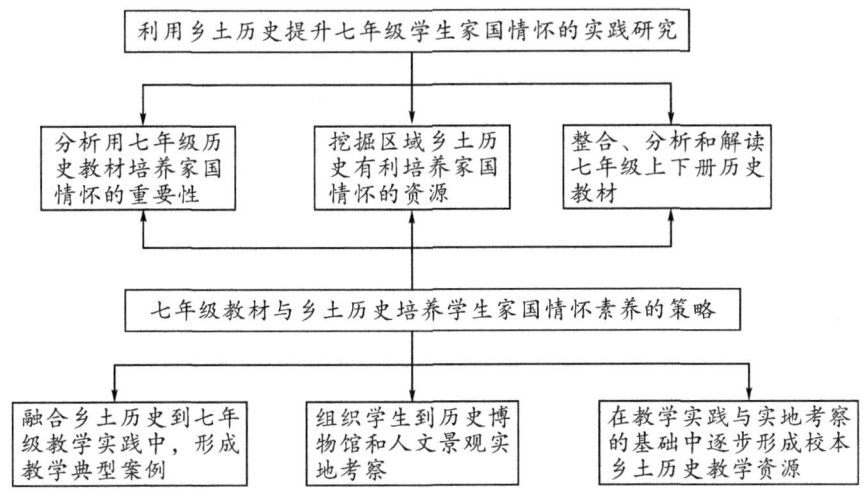

图1-4 乡土历史融入历史学科教学实施和操作流程图

五、乡土历史与七年级历史学科教学融合的实践过程

根据实际情况,研究小组完善、优化了研究的思路和方法。首先,我们整理了关于顺德乡土历史与七年级历史教材相关的资料,确定了独具特色的经济、卓尔不群的人物、与时俱进的教育和颇具特色的建筑等几个模块;并依据课程标准和教材内容撰写研究实施计划,编写校本读物;与此同时,制作需要用到的调查问卷,分别用线上和纸质版的形式下发,布置学生完成数据统计,分析论证问卷呈现的问题,参与编写校本读物。

在加强理论学习的基础上,进一步加强研究与资料整理工作。大家对家国情怀这个概念并不陌生,但如何在教学中落实家国情怀的教育?这需要对国内外的研究情况进一步整理,深入学习能指导我们开展课题的理论,并做好乡土历史资料的整理。

第一类:论文资料的整理

1. 何成刚《历史核心素养的提炼与培养》
2. 綦岩《中学历史学科核心素养的考查》

3. 单怀俊《新课程背景下提高初中生历史素养的若干思考》

4. 梁佳斌《高中历史教学中的家国情怀教育》

5. 李秦苏《高中历史课教学落实家国情怀教育的实践研究》

6. 李志先《初中历史教学中家国情怀素养的提炼与培养——以〈早期的中华文化〉为例》

7. 彭启霞《乡土文化教学提升学生的家国情怀——以重庆地区为例》

8. 楼卫琴《融入乡土文化资源，增强中学生的家国情怀》

9. 陈顺灼《挖掘乡土资源，提高历史课堂实效——以宁德地区乡土资源为例》

10. 王飞、王蕴瑞《乡土史在中学历史教学中的开发与应用——以亳州地区为例》

11. 岳雪萍、程丽云《新时代视域下依托乡土资源培养中学生家国情怀素养——以平定三中历史学科为例》

12. 陈昇《找寻身边历史　感悟家国情怀——以新城中学历史校本资源开发为例》

13. 曾祥忠《中学历史教学中乡土史的开发和运用——以呼和浩特地区为例》

14. 陶波《中华优秀传统文化观念研习教学实施策略——以厚植"家国情怀"研习教学为例》

15. 朱寿清《基于培养学生家国情怀的历史教学中地方史料的补充——以云南抗战史料为例》

16. 章高缘《论初中历史教学乡土资源开发与应用的意义——以宁德市第二中学历史课程乡土资源的开发与应用为例》

17. 马维林《家国情怀视域下高中历史教学审美化建构》

18. 袁文策《高中历史教学中家国情怀素养的培育——以〈马克思主义的诞生与传播〉一课教学为例》

第二类:顺德乡土历史资源的整理

表 1-1 顺德乡土历史资源

顺德独具特色的经济	1. 春秋战国时期,居住在今粤北和粤中一带的"南越"人来到了顺德,成为第一批顺德居民。 2. 秦统一岭南后,大批中原人移居顺德,带来了铁器、牛耕等,顺德经济呈现渔猎活动和农业并重的特点。 3. 宋代是顺德发展的一个关键时期。江南移民的大量迁入,促进了水乡的垦辟,水稻成为主要的农作物,荔枝、甘蔗、龙眼等经济作物也广泛种植;龙江、龙山一带已开始种桑养蚕,花卉业进一步发展。 4. 明朝初年,顺德的果基鱼塘已具规模,文化昌盛;在黄萧养起义后,明政府设置新县,取"顺天明德"之意,命名"顺德"。 5. 明清时期,随着经济的发展、人口的增加,顺德商业圩市发展起来,陈村成为广东四大名镇之一。顺德商人做生意远及全国各地和世界很多地方
顺德卓尔不群的人物	1. 宋代文学家区适子,顺德陈村镇登洲村人。他创作的启蒙课本《三字经》对中华民族的文化普及与民族精神的弘扬作出了卓越的贡献。 2. 宋代抗敌状元张镇孙,顺德伦教镇熹涌村人。德祐二年(1276年),元军攻占南宋都城杭州,皇太后与宋恭宗投降。益王继位,是为端宗,航海至福建、广东一带。广州附近的海上溃军重新集结,奉张镇孙为帅,抗击元军。后因寡不敌众,城池陷落,张镇孙被俘获,凛然自尽殉国。文天祥接到噩耗,深为叹惋,赋诗哀悼。 3. 明代农民英雄黄萧养,南海冲鹤堡(今顺德勒流镇)人,明朝正统年间广东农民起义领袖。明英宗正统十四年(1449年)四月,从广州大牢越狱,举旗反明,义军达十万余人。进攻广州城,九月据五羊驿为行殿,自称顺民天王,次年中箭身亡。 4. 南明抗清英烈陈邦彦,顺德龙山人。明亡,陈邦彦疾书《中兴政要策论》万言书,并参加南明广东乡试,中举人,擢升兵部职方司主事,被派往赣州参与军事。1647年,起兵攻广州,兵败入清远,城破被捕,惨遭磔刑

续表

顺德与时俱进的教育	1. 南宋时期,顺德境内已建有5所书院。顺德境内的书院最早设于南宋,明清时期比较盛行,著名的有凤山书院和容山书院。 2. 1452年建县时,根据明朝的规定,设立全县最高学府兼文教行政机构——儒学。 3. 明清两代,书院、社学、私塾等教学机构分布顺德城乡,培养、造就了一大批科举人才。 4. 自有科举制以来,顺德共出过2088名文举人,318名文进士,其中状元3人;394名武举人,111名武进士,其中状元1人,探花1人。顺德科举成就居全省前列

其次,我们设计了乡土历史与家国情怀研究调查问卷(即后文《乡土历史课题研究调查问卷1》),调查对象为佛山市顺德区的顺德一中外国语学校、顺峰中学和凤城实验学校3所学校初一年级的学生,学生年龄主要为12—14岁,参与调查人数893人。问卷内容围绕学生对顺德区的历史沿革、风俗习惯、历史名人的了解程度来展开,从问卷调查的结果可以看出学生对佛山顺德本地的历史了解有限,但学习本地历史的意愿强烈。在本次调查的893名学生中,有73.8%的学生是顺德区本地户籍,63.61%的学生从出生开始一直生活在顺德区,但他们认为自己对顺德区的历史沿革、风俗习惯、历史名人的了解程度相对不足。

结合调查问卷数据,我们进行深入的分析,调整研究思路如下:将顺德乡土历史和部编七年级历史教材的教学紧密结合,深入挖掘可以利用的顺德经济、人物和教育三方面的素材,利用课堂教学和开设乡土历史特色课程、编写《寻根顺德》校本读物三种形式来逐步渗透,浸润学生的家国情怀。

再次,我们通过探索将顺德乡土历史和部编七年级历史教材的教学紧密结合,形成系统有效的研究过程。以"清朝前期社会经济的发展"为例,深入挖掘顺德乡土历史的独特资源来提升学生的家国情怀,从而改变课程结构单一、

方式单调的现状,并且增加学生对家国情怀的积极体验,使历史教学的实效性得到更大程度的提升。

"清朝前期社会经济的发展"这一课的课标要求学生了解明清时期的经济改革和全球性经济互动,笔者把本课的教学立意提炼为"理解清朝前期经济发展,探寻顺德人敢为人先的精神"。围绕教材内容,以学生未知领域的探究为起点——了解清朝前期农业、手工业和商业的发展以及人口增长;以顺德乡土历史资源为铺垫——穿插顺德桑基鱼塘、南国丝都、百年兴衰等内容进行设计;以感悟顺德人的精气神为落脚点。

由此,逐步归纳出乡土历史资源和七年级教学融合的策略:

第一步,找到乡土历史资源和课堂教学的契合点,如本课"清朝前期社会经济的发展"所述内容与顺德经济的内容有相当多的共通点。

第二步,到顺德博物馆、顺德图书馆和顺德南国丝都博物馆等地查阅顺德历史沿革,进一步搜集有用的实物史料和文献史料,再进行适度的加工。如本课中,用到了《顺德县志》《清代佛山各县册载田地山塘数量变化趋势图》《历史时期佛山地区土地利用状况探析》《顺德县桑基鱼塘史略》等文献史料,以及顺德博物馆"修堤筑围"浮雕、顺德桑基鱼塘、顺德出口希腊的广绣桌布(局部)等实物史料。

第三步,围绕教学主线,通过"探寻顺德人敢为人先的精神"的教学立意,将乡土历史资源进行加工和整合,通过问题链的层层递进,培养学生论从史出、具体问题具体分析的历史思维方法,理解清朝前期经济发展的表现和原因,探寻顺德人敢为人先的精神,涵养家国情怀。

第四步,结合《寻根顺德》校本读物,课题组成员组织学生到顺德历史博物馆等地进行实地考察,收集学生在实践学习中的所思所想所得,结合七年级历史教材的教学,深化家国情怀的教育。

实地考察顺德历史博物馆,是一个项目式学习的过程。课题组成员做了如表1-2所示的探索：

表1-2 顺德历史博物馆实地考察项目过程表

实地考察的准备	网上报备和申请；确定出发日期；网上预约等
组建学习小组	每个小组通常包括4—6人
选择探究主题,明确探究任务	寻根顺德(探寻顺德的历史沿革)
各组制定探究计划,确定工作步骤	①我最感兴趣的是顺德历史哪个方面(可选择历史沿革、风俗人情、特色建筑等)；②通过博物馆导览图和询问工作人员,找到具体的馆所,认真观察和记录；③小组合作,讨论分析
实施探究计划,收集相应资料	①拍照记录所见；②询问工作人员；③小组合作,讨论分析；④记录各小组的成果等
分析总结资料,完成调查报告	结合博物馆的参观,网上搜索相关资料或者询问父母和老师,完成报告
公开分享或展示	可以用PPT或思维导图,或者录制视频来展示

六、乡土历史与七年级历史教学融合培养学生家国情怀的成效

研究过程中我们先后进行了两次问卷调查,一次是课程实施之前的调查《乡土历史课题研究调查问卷1》,另一次是一年课程实施结束后的反馈调查《乡土历史课题研究调查问卷2》,现对两份调查问卷做如下分析。

(一)《乡土历史课题研究调查问卷1》数据分析报告

调查对象：佛山市顺德区的顺德一中外国语学校、顺峰中学和凤城实验学校3所学校初一年级的学生,学生年龄主要为12—14岁,参与调查人数893人。

具体调查数据：本次调查共设16个问题,具体数据如下：

第1题　你就读的学校是：[单选题]

表1-3

选项	小计(人数)	比例(%)
A.一中外国语学校	487	54.54
B.顺峰中学	255	28.56
C.凤城实验学校	149	16.69
D.其他	2	0.22
本题有效填写	893	

第2题　你现在的年龄是：[单选题]

表1-4

选项	小计(人数)	比例(%)
A.12岁	440	49.27
B.13岁	409	45.80
C.14岁	42	4.70
D.15岁	2	0.22
本题有效填写	893	

第3题　你的户口所在地是：[单选题]

表1-5

选项	小计(人数)	比例(%)
A.佛山市顺德区	659	73.80
B.佛山市其他区	23	2.58
C.广东省内其他市	79	8.85
D.广东省外	132	14.78
本题有效填写	893	

第4题　你在顺德区生活学习的时间已经有多长？[单选题]

表1-6

选项	小计(人数)	比例(%)
A.一直在顺德	568	63.61
B.超过1年	30	3.36
C.超过5年	114	12.77
D.超过10年	181	20.27
本题有效填写	893	

第5题　你对顺德区的历史沿革、风俗习惯、历史名人的了解程度是？[单选题]

表1-7

选项	小计(人数)	比例(%)
A.非常了解	98	10.97
B.比较了解	336	37.63
C.有一点了解	413	46.25
D.一点也不了解	46	5.15
本题有效填写	893	

第6题　你对顺德区的历史沿革、风俗习惯、历史名人的了解意愿是？[单选题]

表1-8

选项	小计(人数)	比例(%)
A.非常强烈	207	23.18
B.比较强烈	381	42.67
C.一般强烈	283	31.69
D.不想了解	22	2.46
本题有效填写	893	

第7题　你对顺德区的历史沿革、风俗习惯、历史名人的了解途径是？
[单选题]

表1-9

选项	小计（人数）	比例（%）
A.网络传播	322	36.06
B.电视广播	197	22.06
C.书籍报刊	182	20.38
D.别人讲述	192	21.50
本题有效填写	893	

第8题　如果学校开设学习顺德历史沿革、风俗习惯、历史名人的课程，你希望的频次是？[单选题]

表1-10

选项	小计（人数）	比例（%）
A.一周一节课	419	46.92
B.每个学期集中学习一次	122	13.66
C.一个月一节课	198	22.17
D.历史课上渗透不增加课时	154	17.25
本题有效填写	893	

第9题　如果学校开设顺德乡土历史相关课程，你最希望有的内容是？
[单选题]

表1-11

选项	小计（人数）	比例（%）
A.考古发现	173	19.37
B.民风民俗	235	26.32
C.饮食文化	324	36.28
D.名人故事	161	18.03
本题有效填写	893	

第10题 据你所知,顺德最开始有居民定居生产始于何时?[单选题]

表1-12

选项	小计(人数)	比例(%)
A.春秋战国	274	30.68
B.秦汉时期	190	21.28
C.南北朝时期	237	26.54
D.隋唐时期	192	21.50
本题有效填写	893	

第11题 据你所知,顺德这个名称最早出现在哪一个朝代?[单选题]

表1-13

选项	小计(人数)	比例(%)
A.宋朝	330	36.95
B.元朝	106	11.87
C.明朝	292	32.70
D.清朝	165	18.48
本题有效填写	893	

第12题 历史上,龙江龙山一带最早形成规模的养蚕业,你对此事知晓程度是?[单选题]

表1-14

选项	小计(人数)	比例(%)
A.非常了解	63	7.05
B.比较了解	165	18.48
C.曾经听说过	410	45.91
D.从未听说过	255	28.56
本题有效填写	893	

第 13 题 桑基鱼塘是顺德地区的特色农产业,你对此事知晓程度是?[单选题]

表 1-15

选项	小计(人数)	比例(%)
A. 非常了解	124	13.89
B. 比较了解	252	28.22
C. 曾经听说过	376	42.11
D. 从未听说过	141	15.79
本题有效填写	893	

第 14 题 宋代区适子是顺德陈村镇登洲村人,他创作了启蒙课本《三字经》,你对此事的了解程度是?[单选题]

表 1-16

选项	小计(人数)	比例(%)
A. 非常了解	142	15.90
B. 比较了解	260	29.12
C. 曾经听说过	285	31.91
D. 从未听说过	206	23.07
本题有效填写	893	

第 15 题 顺德的书院最早设于南宋,明清盛行,著名的有凤山书院和容山书院,你对这两个书院的了解程度是?[单选题]

表 1-17

选项	小计(人数)	比例(%)
A. 实地游览过并非常了解其历史	86	9.63
B. 实地游览过但不了解其历史	127	14.22
C. 没有实地游览但曾经听说过	448	50.17
D. 从未听说也没有实地游览过	232	25.98
本题有效填写	893	

第 16 题 自科举制度设立以来,顺德地区涌现出 3 名状元,你对他们任何一个的了解程度是?[单选题]

表 1-18

选项	小计(人数)	比例(%)
A.非常了解	82	9.18
B.比较了解	168	18.81
C.曾经听说过	363	40.65
D.从未听说过	280	31.35
本题有效填写	893	

整体情况分析:

1.学生对佛山顺德本地的历史了解有限,但学习本地历史意愿强烈

在本次调查的 893 名学生中,有 73.8% 的学生是顺德区本地户籍,63.61% 的学生从出生开始一直生活在顺德区,但他们对顺德历史的了解程度有限。认为自己对顺德区的历史沿革、风俗习惯、历史名人的了解程度见表 1-7:仅有 10% 左右的学生自认为非常了解。

大部分学生了解顺德本地乡土历史的渠道是网络和电视广播,分别占比 36.06% 和 22.06%,统计数据见表 1-9。

2.学生普遍希望学校能够开设一定的乡土历史教学

接受调查的学生普遍希望学校开设乡土历史教学,超过 46% 的调查对象希望能够每周开设一节课进行学习,22.17% 的学生则希望一个月一次。比较受学生欢迎的乡土历史内容主要是饮食文化和民风民俗,分别占比 36.28% 和 26.32%。

3.学生对顺德历史沿革与经济发展情况的认知有待加强

在顺德地区最开始有居民定居生产始于何时的问题上,学生回答情况见表 1-12:

各个答案基本平均分布,说明学生对此问题非常陌生,完全没有相关的历

史知识储备。而在"顺德"此名称始于何时的问题上,有36.95%认为是宋朝,32.7%认为是明朝,也同样反映了上述的事实倾向。

在对顺德经济发展的历史认知上,出现了同样的问题,例如对于历史上龙江龙山一带最早形成规模的养蚕业,学生的知晓程度明显偏低,统计数据见表1-14。

4.学生对顺德的历史文化了解程度有限,需要进一步加强

宋代区适子是顺德陈村镇登洲村人,他创作的启蒙课本《三字经》甚至成为很多学校的校本教材,但学生对此事的了解程度并没有想象中高,如表1-16所示,依旧有23%以上的学生表示"从未听说过"。

对于顺德本地著名的凤山书院和容山书院,"实地游览过并非常了解其历史"的不足10%,50%以上的学生仅听说过但没实地游览过,还有近26%"从未听说也没有实地游览过",统计数据见表1-17。

再如表1-18所示,对顺德地区曾经出现的3名文状元,学生的了解程度也不高,从未听说过的占比31.35%,非常了解的仅有9.18%。

(二)《乡土历史课题研究调查问卷2》数据分析报告

调查对象:佛山市顺德区的顺德一中外国语学校、顺峰中学和凤城实验学校3所学校初一年级的学生,学生年龄主要为12—14岁,参与调查人数1051人。

具体调查数据:本次调查共设15个问题,具体数据如下。

第1题 你就读的学校是:[单选题]

表1-19

选项	小计(人数)	比例(%)
A.一中外国语学校	2	0.19
B.顺峰中学	756	71.93
C.凤城实验学校	284	27.02
D.其他	9	0.86
本题有效填写	1051	

第2题 通过七年级历史教学中渗透的顺德乡土历史内容的学习,你认为自己对顺德乡土历史的了解程度提高了吗?[单选题]

表1-20

选项	小计(人数)	比例(%)
A.得到了很大的提高	313	29.78
B.有一定程度的提高	648	61.66
C.完全没有提高	20	1.90
D.不清楚是否有提高	70	6.66
本题有效填写	1051	

第3题 在顺德乡土历史内容渗透进历史课堂后,你觉得自己对顺德的认同感提高了吗?[单选题]

表1-21

选项	小计(人数)	比例(%)
A.有很大提高	484	46.05
B.提高了一些	501	47.67
C.没有提高	21	2.00
D.说不清楚	45	4.28
本题有效填写	1051	

第4题 你对你的老师在历史课上讲顺德乡土历史的看法是?[单选题]

表1-22

选项	小计(人数)	比例(%)
A.非常有必要	868	82.59
B.可有可无	128	12.18
C.完全没必要	4	0.38
D.说不清楚	51	4.85
本题有效填写	1051	

第5题 你对七年级历史教学中渗透的顺德乡土历史的内容最感兴趣的是：[单选题]

表 1-23

选项	小计（人数）	比例（%）
A.考古发现	156	14.84
B.民风民俗	343	32.64
C.饮食文化	406	38.63
D.名人故事	146	13.89
本题有效填写	1051	

第6题 在顺德乡土历史内容渗透进历史课堂后,你觉得增加了自己的学习负担吗？[单选题]

表 1-24

选项	小计（人数）	比例（%）
A.增加了很多	126	11.99
B.增加了一点	401	38.15
C.没有增加	458	43.58
D.说不清楚	66	6.28
本题有效填写	1051	

第7题 顺德历史内容的加入,对提高你对历史学科的学习兴趣有帮助吗？[单选题]

表 1-25

选项	小计（人数）	比例（%）
A.有很大的帮助	386	36.73
B.有一定程度的帮助	589	56.04
C.完全没有帮助	24	2.28
D.不清楚是否有帮助	52	4.95
本题有效填写	1051	

第8题 你认为顺德历史内容的加入,对提高你的历史学科考试成绩有帮助吗?[单选题]

表1-26

选项	小计(人数)	比例(%)
A.有很大的帮助	315	29.97
B.有一定程度的帮助	611	58.14
C.完全没有帮助	31	2.95
D.不清楚是否有帮助	94	8.94
本题有效填写	1051	

第9题 你认为顺德历史内容的加入,对你的最大影响是?[单选题]

表1-27

选项	小计(人数)	比例(%)
A.提高了我对顺德文化的认同感	643	61.18
B.提升了我收集历史材料的能力	125	11.89
C.提高了我分析历史相互联系的能力	91	8.66
D.提高了我对地方史研究的兴趣	192	18.27
本题有效填写	1051	

第10题 在对顺德乡土历史的学习过程中,你会对中国乃至世界大历史背景进行思考吗?[单选题]

表1-28

选项	小计(人数)	比例(%)
A.经常会	350	33.30
B.偶尔会	626	59.56
C.不会	39	3.71
D.说不清楚	36	3.43
本题有效填写	1051	

第 11 题 顺德乡土历史的学习,对你理解中国乃至世界大历史背景有帮助吗?[单选题]

表 1-29

选项	小计(人数)	比例(%)
A. 有很大帮助	400	38.06
B. 有一点帮助	579	55.09
C. 没有帮助	25	2.38
D. 说不清楚	47	4.47
本题有效填写	1051	

第 12 题 你希望在学校的历史教学中,顺德乡土历史的渗透程度是?[单选题]

表 1-30

选项	小计(人数)	比例(%)
A. 每节课都可以渗透	250	23.79
B. 有关联的课时可以渗透	732	69.65
C. 仅在讲述广东历史时渗透	61	5.80
D. 不要渗透	8	0.76
本题有效填写	1051	

第 13 题 你认为你学校老师渗透顺德乡土历史教学中,做得最好的一点是?[单选题]

表 1-31

选项	小计(人数)	比例(%)
A. 设计巧妙	316	30.07
B. 材料丰富	551	52.43
C. 感情充沛	173	16.46
D. 其他	11	1.05
本题有效填写	1051	

第14题 你认为你学校老师渗透顺德乡土历史教学中,最需要提高的一点是?[单选题]

表1-32

选项	小计(人数)	比例(%)
A.改进教学设计	201	19.12
B.找准同学们的兴趣点	729	69.36
C.减少没必要的内容	108	10.28
D.其他	13	1.24
本题有效填写	1051	

第15题 如果学校要改进顺德乡土历史教学,你认为哪个最有必要?[单选题]

表1-33

选项	小计(人数)	比例(%)
A.编写专门的课本	179	17.03
B.设置专门的课程	248	23.60
C.增加实地考察的机会	616	58.61
D.其他	8	0.76
本题有效填写	1051	

整体情况分析:

1.通过乡土历史渗透教学后,学生的乡土认同感增强

对本土历史的认识方面,在调查的1051名学生中,61.66%的学生认为"有一定程度的提高",29.78%的学生则认为自己"得到了很大的提高"。而在"自己对顺德的认同感提高了吗"的问题上,统计数据如表1-21所示,超过93%的学生认为得到了提高。有82.59%的调查者认为非常有必要在课堂上开展乡土历史教学。

2.对乡土历史的兴趣助推历史学科学习

兴趣是学习最好的导师,在加入乡土历史教学的内容后,大部分学生并没有感受到学习负担的增加,数据如表1-24。

相反的,超过56%的学生认为对提升自己的历史学习兴趣有一定的帮助,36.73%的学生认为有很大的帮助。

更加值得欣慰的一点,很多受访对象表示,乡土历史教学的渗入,对自己历史学科成绩的提升也起到了作用,数据如表1-26。

3. 立足本土,开拓视野,增加自信心

在93.72%的学生认为本课题的课程学习后,提高了对顺德本土历史的认同感之外,也让学生在立足本土的自信之上,对中国整体历史和世界历史的了解也更加广阔。例如,在对顺德乡土历史的学习过程中,33.3%的学生经常会对中国乃至世界大历史背景进行思考。而认为乡土历史学习,对理解中国乃至世界大历史背景是否有帮助的数据如表1-29所示。

七、乡土历史与家国情怀培养融合研究存在的一些典型问题

通过多次对课堂教学的实况进行研究和反思,包括"清朝前期社会经济的发展""顺德历史文化遗迹系列——清晖园与桑基鱼塘""顺德历史文化遗迹系列——碧江古村与麻祖岗遗址""顺德名人系列——张镇孙"等,在乡土历史教学实施的过程中,我们形成三大共识:乡土历史教学增强了学生的乡土认同感;乡土历史教学提升了学生对历史学科的兴趣;乡土历史教学加强了学生对中国整体历史和世界历史的了解。

同时,在教学过程中,也存在一些问题:第一,顺德本土历史的资料不够丰富,学生接触机会少。由于顺德设县的历史比较短暂,无论是实物史料还是文献史料都比较少,专门的研究也缺乏,比如麻祖岗遗址,至今只有零星研究,学生能够接触的机会也就更少了,想要搜集资料也颇具难度,这就制约了教师的教学和学生的探索。第二,乡土历史资源有待进一步挖掘。顺德到明朝设县,而"清朝前期社会经济的发展"一课适合乡土资源的大力度整合与运用。

为了更好地将乡土历史与七年级历史学科教学融合,课题组总结了教学实施问题及下阶段实施策略调整方向。比如,由于乡土历史与课本的契合度不够,研究小组认为不能为了融合而融合,而应该另辟蹊径,开设乡土历史特

色课程。

八、乡土历史与家国情怀培养融合的教学策略

(一)深入研究历史教材,将教学内容与乡土历史史料进行有机结合

在初中历史七年级教育教学的实际过程中,深入研究初中历史教材,从中发现和挖掘与乡土历史相关的教学内容,教师进行整理研究相关乡土史料,使二者进行有机结合。找准好的切入点,有的乡土史料可以作为新课学习的导入内容,从身边熟悉的历史入手,激发学生学习的兴趣和探究的欲望;有的内容可以穿插在历史授课的过程中作为拓展延伸,加深学生对相关知识的理解。如果不能很好地结合起来,不能为使用而强行使用。通过平时历史课堂的有机渗透,潜移默化地提高学生对乡土历史的学习兴趣,从而增强学习动力和提升学习能力。

(二)在七年级开设乡土历史特色课程

根据学生对乡土历史学习的兴趣以及一年学习的效果分析,我们认为在初中七年级开展乡土历史教学非常必要。开设乡土历史特色课程,可以设置一周一节课,教师可以参照课题组的研究内容和成果,制定教学计划,有计划、有步骤地落实教学任务。

(三)基于学生兴趣,开展学生乡土历史社会实践活动

从学生的兴趣出发,注重学生的学习体验。乡土历史资源与学生的生活具有一定的联系,是学生身边的历史资源,教师在教学过程中要善于发现,并以学生的实际能力水平为基础,设计相应的社会实践活动内容,鼓励学生亲身体验。自行探究和体验的学习更容易让学生产生共鸣,形成深刻的认识。还可组织学生参观博物馆、纪念馆与其他历史文化遗迹,深化对乡土历史的学习。

(四)注重挖掘深层资料,开展跨学科融合教研和教学活动

乡土历史资源丰富,许多资源和信息是浅表性的,也是比较容易发现和感知的,但是深层次的东西,仍然需要学生通过思考才能真正体会,否则只能停

留在表层,不能在学生的思维能力提升方面产生有益的促进作用。同时很多乡土历史资源与地理、生物、音乐、美术等学科内容有着很紧密的联系,可以与多学科的教师形成共研机制,一起开发学生的乡土历史学习资源,使其对拓展学生的综合能力产生作用。

九、乡土历史与家国情怀培养融合研究取得的成果

研究小组结合自己的教学设计和实践研究,形成七年级课例设计、课堂实录和教学反思的教学资源库,独立撰写课题论文并在专业学术期刊上发表。

独立撰写及发表论文包括：

(1)白建元老师《"清朝前期社会经济的发展"与乡土史料融合教学的思考》,已刊发于《中学历史教学参考》(上半月·综合)2022年第12期。

(2)吴祖敏老师《利用乡土历史资源浸润家国情怀素养》,将刊于《中学历史教学参考》(中旬·学研)2023年第6期。

(3)陈焕芬老师《发掘乡土资源价值,开展家国情怀教育》,已刊发于文化理论教育综合期刊《明日》杂志2022年11月刊。

获奖论文包括：

黄小军老师撰写的《重构历史文本,培养关键能力——以七年级上册"动荡的春秋时期"一课为例》论文,在顺德区教育学会2021学年度(历史)学科论文评比中荣获一等奖。

教学设计获奖包括：

(1)陈焕芬老师撰写的"魏晋南北朝的科技与文化"教学设计,获得佛山市初中统编历史新教材教学设计案例展评一等奖和顺德区初中统编历史新教材教学设计案例展评一等奖。

(2)黄小军老师撰写的"宋代的经济发展"教学设计获得顺德区初中统编历史新教材教学设计案例展评二等奖。

（本文完稿于2022年12月）

"清朝前期社会经济的发展"与乡土史料融合教学的思考

"家国情怀是要培养学生对家乡、民族、国家的认同感,依据心理学的理论,这种认同感一定是由近及远、由亲密向疏远逐渐形成的。因此,我们在教学过程中要借助社区、乡土资源,让学生从关注身边开始,爱家庭、爱社区,最后上升为爱国家"[1]。初中历史教学进行家国情怀的培养具有重要的现实意义,有助于培养学生爱家、爱国的情感,有助于加强对学生的德育教育,有助于传承中华优秀传统文化。

笔者所在的顺德地区地处珠江三角洲腹地,乡土历史资源丰富,地域特色显著,人文历史积淀厚重。以往教学实践表明,学生在学习中往往对与自己家乡有关的人和事更感兴趣,更容易共情。因此,将乡土历史资源有机融入初中历史教学中,让学生因此"亲近"历史,可以提升历史课堂的魅力,丰富历史课堂的内涵,培养其家国情怀也就水到渠成。本文试以"清朝前期社会经济的发展"为例,谈谈如何在乡土历史教学实践中培育家国情怀。本课的整体设计如图1-5所示:

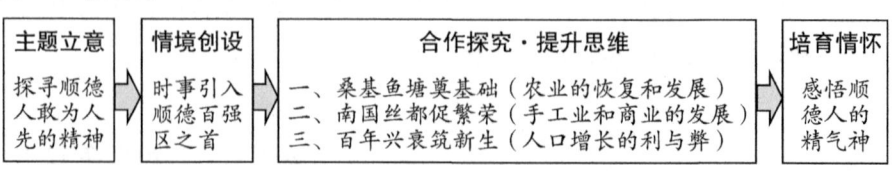

图1-5 "清朝前期社会经济的发展"课程整体设计图

一、由教科书内容向乡土历史延伸

"清朝前期社会经济的发展"是统编版历史七年级下册第三单元"明清时期:统一多民族国家的巩固与发展"的第19课。清朝前期社会经济得到迅速发展,农业、手工业和商业都有了较大发展,这一时期的人口数量也不断增长,使统一多民族国家得到进一步的巩固和发展。课标要求通过了解明清时期的经济改革和全球性经济互动,初步认识这一阶段中国经济发展的内因和外因。七年级学生的历史知识储备有限,本课的重要概念较多,学生理解较为困难。这就要求教师深入挖掘教科书内容,引导学生突破历史表象,深化学生对明清时期经济发展的理解。

《顺德历史》一书中写道:"明朝初年顺德的果基鱼塘已具规模,文化昌盛……在黄萧养起义后,明政府设置新县,取'顺天明德'之意,命名'顺德'……明清时期,随着经济的发展、人口的增加,顺德进行了历史上规模最大的筑堤围垦,仅清朝100多年间,就新垦沙田30万亩,成为珠江三角洲修筑堤围最多的地区,并初步以果基鱼塘和桑基鱼塘为主的商品经济,其花卉和水果生产也已具相当规模。随着缫丝业的发展,顺德的丝织业发展起来,且品质优良……随着经济的发展、人口的增加,顺德商业圩市发展起来,陈村成为广东四大名镇之一……顺德商人做生意远及全国各地和世界很多地方。"[2]结合相关知识,笔者把本课的教学立意提炼为"理解清朝前期经济发展,探寻顺德人敢为人先的精神"。在此立意下围绕教学内容,以学生未知领域的探究为起点——了解清朝前期农业、手工业和商业的发展以及人口增长;以顺德乡土历史资源为铺垫——穿插顺德桑基鱼塘、南国丝都、百年兴衰等内容进行设计;以感悟顺德人的精气神为落脚点。如此,围绕教学主线,通过"探寻顺德人敢为人先的精神"的教学立意,既突破单纯的知识架构,又让学生能初步构建学习的主线,通过问题链的层层递进,培养论从史出、具体问题具体分析的历史思维方法,理解清朝前期经济发展的表现和原因,探寻顺德人敢为人先的精神,涵养家国情怀。

二、以乡土情境催发家国情怀的种子

"好的历史情境正是加速家国情怀这颗种子萌发的温床和催化剂"[3]。笔者执教本课前,在导学案中做了小调查,得知大部分学生对顺德历史有一定的了解。改革开放以来,顺德发展日新月异。从缫丝到制糖,从家电制造业到高科技产业,一代又一代顺德人,敢为天下先,艰苦创业、与时俱进,创造了一个个经济奇迹。但顺德人的精神传统从何而来这一问题,学生是一知半解的。

在导入环节,笔者出示新华网权威发布2021年市辖区高质量发展百强(地级城市市辖区)榜单。自2012年起,顺德从全国760多个地级市辖区中异军突起,连续十年坐在全国高质量发展和综合实力百强区的冠军宝座上。学生非常振奋,原来自己生活的顺德地区是如此"享誉全国",对家乡的敬佩之情油然而生。紧接着笔者提问:一个非特区、不临海、不沿边的顺德,靠什么"霸占王座"十年?这一提问激发了学生学习兴趣和探究欲。课堂的主体是学生,从学生的认知出发开展教学,通过顺德乡土历史资源来创设情境导入,拉近学生与历史的距离,带着学生穿越时空,更好地激发了学生的家国情怀。

三、以深挖乡土资源深化家国情怀

"任务驱动教学中,任务是内容主旨和核心问题的外在表现,也是学生学习的动力"[4]。围绕本课核心,笔者适当整合教学内容,设置问题和学生自主探究,让学生在学习任务的驱动下通过合作探究体验学习过程,从而达到提升思维的目的。

以"桑基鱼塘奠基础——农业的恢复和发展"的教学为例,教师首先出示表格,让学生能快速概括整理清朝前期农业恢复和发展的表现,如表1-34所示:

表1-34 "清朝前期农业恢复和发展表现"任务探究表

耕地面积	不断_____,大片土地得以开垦
兴修水利	对_____、_____等大河以及大运河进行治理,修建了许多_____、_____、_____
庄稼种植	改进_____,改良_____,推广_____等高产作物,粮食产量增加
经济作物	有了较大的发展,_____以及_____等作物的种植面积扩大

接着笔者展示史料:

材料一

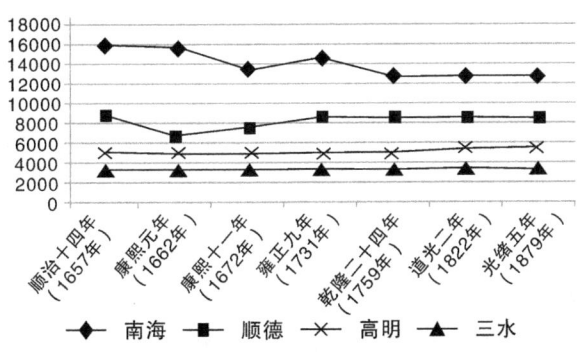

图1-6 清代佛山各县册载田地山塘数量变化趋势图

材料二 清代康熙前期,顺德、香山平原中的广阔水域被开垦为田,西江主干出海水道延长,导致顺德大半乡村受洪涝影响,故清代方志中记载的堤围数量远远超过明代方志。清代顺德有长度记载的104条堤围,总长219 973丈,是清代珠三角地区建筑堤围数量最多和长度最长的县。

——吴满强《历史时期佛山地区土地利用状况探析》

材料三 康熙时期,顺德容奇堡"女子争桑";北水堡"今且桑而海矣";龙江堡"民务农桑逐商贾之利"。在康熙中期,历史上珠三角顺德桑基鱼塘专业区已经形成……19世纪中后期,生丝价格上升,农村掀起了全面性的弃田筑塘、废稻植桑的高潮,顺德的稻田已经不到全县耕地的十分之一。

——区湛泉《顺德县桑基鱼塘史略》

材料四 明代中叶,桑基鱼塘在顺德龙山、南海九江一带首先出现。清代中期以后,先后两次掀起发展高潮,规模迅速扩大。在桑基鱼塘的生产过程中,人们采取种养结合的形式……形成"桑茂蚕壮鱼大泥肥"的良性循环,无污染,无浪费。被人们称为良性循环的典范、生态农业的先驱。

——顺德南国丝都博物馆

问题设计:

(1)根据材料一,指出清代顺德田地山塘数量的变化趋势。

(2)根据材料二和材料三,概括清代顺德在水利建设和农作物种植上的突出表现。

（3）根据材料四，概括桑基鱼塘的特点。

（4）综合上述材料，并结合教科书内容，简要分析清代顺德农业发展的原因，并试试谈谈你的看法。

对于七年级学生来说，他们思想活跃，单纯讲授知识会显得非常枯燥。以任务驱动的形式将问题细化，有助于引导学生关注教科书以外的乡土史料。学生依据史料进行研读分析，从顺德田地山塘数量的变化趋势，到大兴水利修堤筑围和大量种植经济作物等突出表现，逐一分析解决任务。教师继续追问，引领学生结合教科书内容分析清代顺德农业发展的原因，落实史料实证。学生除了回答国家统一、社会安定，统治者重视农业生产，大力推行垦荒政策等原因外，还关注家乡曾经发生和正在发生的人与事，尤其是顺德桑基鱼塘的生态环保种养结合特点，凸显顺德人敢为人先的精神传统，认识到顺德人的勤劳与智慧。

四、乡土资源和教科书内容有机结合使教学更共情

历史既然是"人"的历史，那就应该是丰富生动而又鲜活的历史。"唯有历史细节教学，帮助学生形成自己关于历史的多元认识，而学生的体验亦会如新文化史家一般"[5]。选用史料时，教师应进行认真选择，彰显史料育人价值，将知识融入历史情境之中，更容易被学习者吸收。为此，笔者结合教学内容设计了如下教学环节：

材料五 随着顺德蚕桑农业的高速发展，以缫丝为主题的手工业也兴旺发达起来，并进入商业化生产。据《广东通志》记载：明永乐年间顺德差不多每村都有缫丝的作坊，小型的织造厂也如雨后春笋，织造技术和工艺得到不断提高。

——梁仁华《顺德历史》

材料六 顺德在明嘉靖年间，有墟市（农村的定期集市）11个，到了万历时期，增加到了44个。到了清雍乾的时候，全县的墟市数目增加到了50个，

咸丰时期则猛增至87个。光绪时期,顺德已经发展成为广东的蚕茧贸易中心,并且出现了大量的专业性市场。

——职晓东《明清顺德城镇的历史变迁(1452—1911)》

材料七 明清时期,广东集市发展迅速。佛山与河南的朱仙镇、江西的景德镇、湖北的汉口镇并称为中国"四大名镇"。广东商人特别活跃,形成驰名中外的"广东帮"。广东帮商人不但在省内经商,还到省外甚至国外经商。例如,汉口的一些有名的五金商号,都是广东人开设的。

——广东省教育研究院教学教材研究室《广东历史》

材料八 从清朝末年到民国初年,顺德籍商人几乎垄断了珠三角地区蚕丝的生产、运输、出口以及工厂、工场、商店的资金往来。顺德县的商人及时引进新技术和新的经营方法,发扬顺德本身的历史、地域优势,使顺德县在半个世纪内充当了广东经济发展的龙头,为广东早期现代化作出特别大的贡献。

——邱捷《清末广东首富县——顺德》

问题设计:

(1)根据材料五,指出明代以来顺德手工业发展的情况,结合教科书分析手工业工场的特点。

(2)根据材料六和材料七,概括清朝顺德商业繁荣的表现。

(3)综合上述四段材料,结合教科书内容简要分析顺德商人取得的成就及其能取得这些成就的原因。

笔者深挖乡土史料的细节,帮助学生理解农业生产的发展对手工业和城镇商品经济的发展起到的推动作用。这些问题勾勒出了顺德手工业和商业发展状况,并引导学生感受乡土历史和前辈的奋斗史:顺德商人不仅积极引进新技术和新经营方法,还发扬顺德的历史、地域优势,践行敢为人先的历史传统。通过对历史细节的剖析,将史事置于历史发展对群体命运沉浮的影响中考察,实现学生与历史任务的共情共感,深化家国情怀。

五、让乡土资源在教学中更具广阔视野

《义务教育历史课程标准(2022年版)》要求:"学习和探究历史应充满人

文情怀并关注现实问题,热爱家乡,热爱祖国,放眼世界,以服务于国家富强、中华民族伟大复兴和人类命运共同体的构建。在义务教育阶段,要求学生形成对家乡、国家和中华民族的认同,具有国际视野,有理想、有担当。"本课需引导学生从清代经济发展的认识延伸到现实社会的认识上,故笔者在教学中引入如下材料:

材料九 人口方面,乾隆以前仅记载赋役丁口,且常有瞒报,数字欠确切。乾隆中叶以后,丁口税摊入田赋,规定增丁不加税,人口统计记载才趋于翔实。到了嘉庆二十三年(1818年),顺德全县有488 965人。道光年间,人口翻了一倍多。到宣统元年(1909年)时,人口已经达到1 356 478人。

——王忍之《顺德县志》

提出问题:根据上述材料概括清朝顺德人口数量呈现的发展趋势,结合教科书分析为什么会呈现这样的发展趋势。学生能根据所学得出部分结论,如"经济发展,国力增强,社会安定""产作物的引进与推广"和"政府税收政策的改革"等原因。

在不断进阶的思维与热烈的情感碰撞下,笔者进一步引入材料:

材料十 顺德县丝业一枝独秀,未能开发出新的经济增长点。就是丝业本身,几十年来育种、养蚕、缫丝技术没有根本进步,丝厂的经营和蚕丝的出口方式也不能与时俱进,基本上是原地踏步。到了1929年西方世界爆发经济危机,顺德县的丝业一下子失去了市场,商业受到沉重打击,经济从此一蹶不振。直到50年后的20世纪80年代中国改革开放大潮到来后,顺德才得以再创辉煌。

——邱捷《清末广东首富县——顺德》

教师分析总结:学习历史要学有所用,明智启智。试问,顺德近代经济的衰落对我们今天经济建设有何启示?以史为鉴,唯有重视技术革新,脚踏实地,与时俱进,延续顺德人这种敢想、敢闯、敢干、敢为人先的精气神,才能领跑高质量发展。

实践表明,"家国情怀"素养的涵育,不是靠生搬硬套和灌输,而是要通过历史教师循循善诱，引导学生打开心扉，参加体验，形成感悟。通过乡土历史资源的学习和梳理，家国情怀在学生心田中感悟升华，进而开花结果。

[1] 邵清.学科核心素养之"家国情怀"的认识与实践[J].历史教学问题,2018(1).

[2] 梁仁华.顺德历史[M].广州:广东省地图出版社,2012.

[3] 汪高锋.基于历史情境教学,培育学生家国情怀[J].中学历史教学,2020(6).

[4] 高宏.这样教学很有效:任务驱动式课堂教学[M].天津:天津教育出版社,2019:59.

[5] 夏辉辉.历史教学的深耕:基于历史细节教学的新理解[J].历史教学(上半月刊),2014(3).

【附记】本文系广东省2020年广东省教育科学规划课题"利用乡土历史提升七年级学生家国情怀的实践研究"（课题批准号为2020YQJK163）的阶段研究成果。

（本文原刊于《中学历史教学参考》2022年第12期）

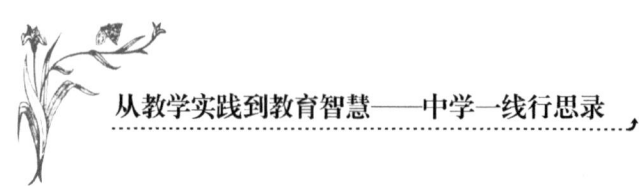

选择·指向：史料选择与教学设计立意指向探微

中学历史教学中，史料选择对学生认知、理解历史现象和提升学科素养具有十分重要的意义。对于同一教学内容，我们在不同时间段的教学设计往往会选用不同的教学素材与史料来创设情境，以帮助学生在学习中感知和理解具体的历史知识，而教学设计的这种变化反映出我们对教材的整合和教学立意的指向形成新的思考。笔者反思前后两次执教的"艰辛探索与建设成就"（人教版八年级下册第6课），在史料选取和教学设计的立意指向对比分析方面形成诸多思考。

一、基于素养目标确立教学立意

何成刚在《史学阅读与微课设计：史料教学的理论与实践》一书中指出，历史学科的教学立意是指"通过历史学习，学生汲取的超过历史知识层面的历史智慧、历史经验、历史教训，掌握的历史学科核心能力，树立的正确、积极、向上的核心价值观"。历史学科的教学立意主要是在教学过程中通过合理运用史料创设情境，学生在学习过程中理解历史和解释历史，形成有意义的历史认知和认识。由此，教学立意主要体现的是老师在备课过程中的主题思想和学生在学习过程生成的认识和认知，是课堂教学的灵魂。

根据《义务教育历史课程标准（2022年版）》对"社会主义革命和社会主义

建设道路的探索"的内容要求,确定本课的素养目标:①以大事年表的形式梳理从1956年到1966年经济发展大事件,增强时空观念;②运用唯物史观,多角度评价社会主义建设道路的成功探索与失误;③研读史料,以外交成就与国防成就为例对社会主义建设进行合理解释,以唯物史观为指导分析社会主义建设伟大成就的原因;④学习王进喜等人的事迹,以唯物史观为指导,正确评价先进人物的积极作用,学习他们的优秀品质,涵养家国情怀;⑤通过对社会主义经济建设进行概括与总结,理解人民群众对历史发展的促进作用。

基于以上分析,笔者把本课的教学立意提炼为"跌宕起伏与奋勇前进的20年",围绕教材内容,本课以"跌宕起伏中悟真理,奋勇前进中铸辉煌"为核心进行教学内容的设计。"跌宕起伏篇"聚焦从1956年到1966年中共八大、社会主义艰辛探索和"文化大革命"等事件,引导学生分析评价"大跃进"和人民公社化运动,简述"文化大革命"中民主法制和国民经济遭受严重破坏的主要史实,认识"文化大革命"给国家和人民带来了严重灾难,感悟社会主义建设是曲折而漫长的过程;"奋勇前进篇"着重探究这一时期我国社会主义建设取得的成就,体会英雄模范人物的艰苦创业精神与建设成就之间的关系,理解人民群众对历史发展的促进作用。这样,提炼教学立意,围绕教学主线,通过"跌宕起伏篇"和"奋勇前进篇"的编排,既突破单纯的知识立意,又让学生能初步构建学习的主线,感受社会主义建设是曲折而漫长的过程,是艰苦探索的过程;尝试反思历史,吸取历史的经验教训;感受二十世纪五六十年代中国人民自力更生、艰苦奋斗、为人民服务的良好社会风貌,从而涵养家国情怀。

二、基于学习情境创设有灵魂的课堂

教学中用网课形式时,对于"艰辛探索与建设成就"的导入部分,我采用了先用简单的选择题复习巩固,再用典型图片切入题目。如图1-7,课件的第一页呈现了这一时期比较典型的三幅图片:巨型玉米、过江大豆、赛大象的肥猪,这些图片内容一定程度上表达了人们的美好理想和饱满的干劲,但其中"人定胜天、只有想不到没有做不到"的想法与做法,是能够引发学生深入思考的。

图 1-7 巨型玉米、过江大豆、赛大象的肥猪

在 2022—2023 学年第二学期的教学中,备课的时候选用了图 1-8 作为导入的情境。图片来自顺德街区的一个餐馆招牌,文字引导为:你知道"人民公社"吗?真的有放开肚子吃的大饭堂,究竟是怎么一回事呢?

图 1-8 顺德街区某餐馆招牌

"公社食堂"的招牌让学生感知了"公社"这个名词,引导学生知道"人民公社",并思考"公社"的概念和含义,让学生又有一种探究的期待。更具时代感的图片,容易让学生产生较强的代入感和对即将学习的内容产生兴趣,自然切入学习的概念。

"艰辛探索与建设成就"从内容上我们可以分为两部分:第一部分"探索",第二部分"成就"。那么如何体现探索的艰辛和取得的辉煌成就呢?在第一次备课中,我根据教材内容从中共八大的背景、召开到解决的主要矛盾,用了很多文献史料按照教材内容去开展教学工作,显得有点刻板,学生的学习过程要阅读很多文献,设计也缺乏了一些趣味性和直观性;而在紧接着一次的

教学设计中我改变了方式,展示了一张重大历史事件的逻辑图+曲线的图片,从时空的角度架设教材的线索,是对教材内容的有效整合。如图1-9:

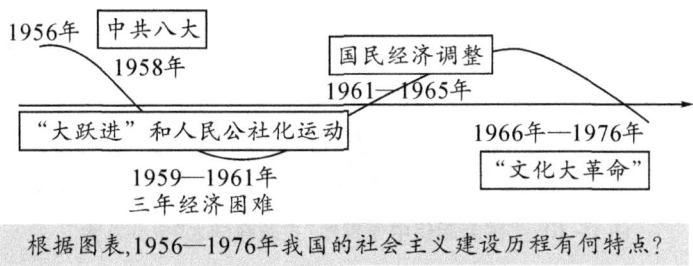

图1-3 艰难曲折的探索时期

学生结合图片深入分析,对于中共八大、"大跃进"和人民公社化运动、三年经济困难、国民经济调整等相关历史事件有了更全面的认识,认识到了这一时期探索的艰难曲折,认识到当时是一个跌宕起伏与奋勇前进的时代。如此学生对学习的内容有一个感知和提升探究的兴趣,同时也会在时空上形成一个大的概念的认识。

教学过程最优化理论要求教师的教学设计要优化教学过程,教师要有目的、有意义、科学地选择教学素材和手段,因此历史学科教学立意也应该与时俱进,教学中我们应丰富史料的运用,紧随学术前沿。

三、基于主题教学统领严谨的学习逻辑

此前在备课中通过更多的史料分析逐一说明知识之间的逻辑关系,忽略了学习的简洁性和高效性,比如为了体现1956—1976年这一时期的阶段特征用了七八段史料,史料的叠加确实能解决问题,但是学习的效率就比较低。为了让学习活动线索更清晰,知识内在的逻辑更严谨,我通过设计主题"跌宕起伏中悟真理",将对应的知识中共八大、"大跃进"、人民公社化运动、七千人大会等串联起来,整合教材内容,统领学习,让线索和逻辑比较容易理顺,如图1-10。

跌宕起伏中悟真理

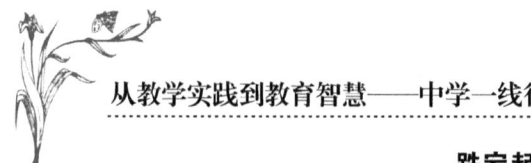

> **中共八大：探索中的良好开端**
>
> **材料** （关于我们国内的主要矛盾）这一矛盾的实质，在我国社会主义制度已建立的情况下，也就是先进的社会主义制度同落后的社会生产力之间的矛盾，党和全国人民当前的主要任务，就是集中力量解决这个矛盾，把我国尽快地从落后的农业国变成先进的工业国。
>
> ——毛泽东《论十大关系》
>
> **问题**：根据材料指出"中共八大"提出的国家当时的"主要矛盾"和"主要任务"。

> 中共八大是探索社会主义道路的良好开端，为社会主义建设指明了方向——经济建设。此后，中国开始大规模的社会主义建设。

图1-10 "跌宕起伏中悟真理"主题教学之"中共八大"

将这一时期发展的过程、特征用一个小主题的形式统一起来，并采用问题链的形式串联起知识之间的桥梁，即可让深度学习自然地发生。例如：导致表1-35中农业生产情况变化的主要原因是什么？我国社会主义建设可以从中汲取到什么深刻认识？

表1-35 1957年、1960年农业生产情况对比

项目	1957年	1960年	下降(%)
粮食(亿公斤)	1950.5	1436	26.4
棉花(万担)	3280	2124	35.2
油料(万担)	7542	3405	54.9
生猪存栏数(万头)	14 590	8227	43.6

学生通过直观的数据统计对比，分析提取信息，包括时间、内容（粮食、棉花、油料、生猪）、结果，认识到这一时期经济发展的状况，并能够逆向思维分析造成这一结果的原因，形成自己对这一现象的认识：经济建设必须遵循客观经济规律；事物的发展不是一帆风顺的，事物在曲折发展中取得进步。

主题教学把具体的历史知识放在单元框架下，使史料的选择与应用服务于课堂教学，增强史料与教学立意之间的链接，使学习过程的直观性和逻辑性增强，有利于提升学生阅读和获取历史认识的能力，在学习过程中强化论从史出，史论结合的能力。

四、基于史料选择让学习贴近实际

初中生的认知水平和阅读能力尚不是很强,我们在教学中使用史料创设情境也应该基于学生的认知水平和能力,史料也应该贴近学生的生活。就近发展区理论认为,教学必须以学生现有水平为起点,从学生的潜在水平开始,通过教学把潜在水平转化为新的现有水平,把正在成熟的心理机能转化为成熟的心理机能,然后在新的水平上向新的发展区域转化。因此我们要选择合适的史料创设情境,让新的学习自然发生。

图1-11　王进喜用身体搅拌泥浆

石油工人一声吼,地球也要抖三抖。
石油工人干劲大,天大困难也不怕。
宁可少活二十年,拼命也要拿下大油田。
北风当电扇,大雪当炒面。
天南地北来会战,誓夺头号大油田。

——王进喜

图片史料和文字史料相结合使得画面感油然而生,如图1-11所示,王进喜硬汉的形象跃然纸上,奋勇前进中的英雄代表、全国人民的艰苦创业、奋发图强的朝气形象全都顺势诞生。此时学生的认知活动和思想活动都会处于一个活跃的阶段,老师可以结合当时国际国内形势予以串讲并及时铺垫,让学生加深理解。之后用一道论述题来提升:假如你是当时拍摄下这张场景照片的

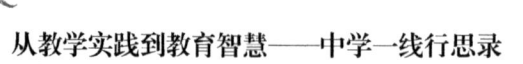

记者,你会怎样来报道？请据此写一篇新闻稿。这道题要求学生能够用自己的语言去解释这一段历史,结合照片的背景来罗列史实,条理清晰,语言通顺,表述准确,让素养的培养在学习中真实发生。

我们在教学中往往会有经验主义,对于1956年—1976年这段时期社会主义建设所取得的成就原因,在教学的时候会有一些指向不清楚的情况,或者忽略学生批判性思维的培养,觉得这个问题不是学习的重点。在以素养为立意的教学要求中,这个问题对于培养学生批判性思维,提升学生深度思考、分析问题、历史理解能力都非常有意义。我们可以设问：思考社会主义建设(1956年—1976年)在非常困难的情况下,为什么会取得如此巨大的成就？引导学生合作学习,阅读教材归纳概括,总结原因有：中共八大、七千人大会等重要的会议,在政策制定和调整方面很有力地调动了人民生产的积极性；全国人民干劲十足,克服困难,挑战极限的力量感；这一时期涌现出的卓越科学家、模范人物的不懈贡献等。学生在思考和归纳总结的过程中,体会社会主义建设的艰难,从而生成致敬时代和英雄的情感。

在以素养立意的教学过程中,历史学科教学选取的史料要契合学生的认知水平和认知能力,通过对原有经验的提升,不断优化教学素材,改进教学设计,使得教师新的教学行为和学生的学习富有灵魂。通过主题教学整合教材内容,统领学习过程,促使学习的线索清晰,逻辑严谨。通过基于学生认知的史料,让学生的学习在感知知识、理解现象、生成新思考中取得进步,这是我们教学立意的归宿点。

(本文完稿于2024年4月)

教学策略

从策略的角度来谈学校教学,其形态自然表现在教学范式的建立与教学管理方式的选择上。教学策略的逻辑指向是学校目标的达成。一个学校有一个学校的实际情况,这决定了学校间存在着发展目标整体性和阶段性的差异。这就要求学校把战略上的"攻"与"守"、"破"和"立"放在首要的位置来考虑。如何把握学校教学现状与学校发展目标之间的差距以及调集资源开展工作的幅度和难度,是策略选择和制定的关键因素。凤城中学生源水平不一,分层明显,采用走班教学,既是形势所逼也是发展所需。顺德一中外国语学校生源相对优秀而整齐,个性化发展就成了关键。顺峰中学介于这两类学校之间,扩大素养优秀学生的体量和实现整体提升都要兼顾,全面推行课改就尤为迫切。探寻合理而得当的教学策略,成为发挥学校管理效能的重要举措。

教学策略

"教学案"的应用与学生认知方式的改变

随着学校课程改革的不断深入,初中历史课堂正朝着有利于学生学习历史知识的方向转变。但长期以来形成的固有教学方式、教学思维,很难突破和有效解决学生存在的学习方式及认知能力有限的难题。基于此,"教学案"的应用成为教学方式探索的新趋势之一。"教学案"是教师在课前预设"教学案"情景,引导学生预习新课,使学生在原有知识、经验的基础上发现问题、思考问题,构建新知识和新经验,从而激发学生自主探索和发现问题的能力,发展学生的认知结构。

一、基于学生认知规律的教学案设计

(一)"教学案"使学生成为学习的主体,体现了学习的先占性

使用"教学案"的目的是转变教师、学生在学习过程中的角色。不论是预习、质疑、解疑,还是在课堂上的习题训练、语言表达、合作探究、拓展延伸,都旨在体现学生的主体性,而教师应仅仅起引导配合的作用。学生结合"教学案",根据自己的第一印象或者先入为主的意识,可以对知识有个初步的自主认识与理解。

(二)"教学案"使学生参与完整的学习过程,体现了认知的发展性

"教学案"设计的几个主要环节,如知识准备、新课预习、课前朗读、新课导入、质疑、探究、小结、巩固练习、反馈检测等，是一个完整的学习过程，有助于培养学生认识事物发展的内在规律。而在平时的学习中，我们不刻意追求课堂学习的完整性，只要有助于学生阅读、理解、表达、思维等能力的提高，课堂就是高效的。因此，"教学案"对学生的认知结构具有发展意义。

（三）"教学案"使学生主动质疑，体现了认知的多维性

"教学案"引导学生在学习新知识前进行预习，是对知识的初步理解。所以，学生对新知识的存疑点会比较宽泛，这就有利于发散思维的培养。同时，如果学生已有的知识对解决新的问题有困难，势必刺激学生进一步探究和解决问题的兴趣。随着时间的推移，学生能够养成对课文的重难点质疑、思考、讨论的习惯，这样有利于学生思维能力的培养，使思维更具多维性。

（四）"教学案"使学生对历史史实进行感知、记忆、理解、判断等，体现了认知的整合性

"教学案"的设计与使用带来的实用性、时效性，有助于培养学生学习历史学科的兴趣，锤炼其对历史问题认识的思维过程以及相应解决问题的能力，是对学生认知的全面整合，对学生后续学习的能力有很大的帮助。

二、"教学案"对学生认知方式的改变

美国教育心理学家罗姆·布鲁纳认为：发现学习是指学生在学习情境中通过自己的探索寻找来获得问题答案的学习方式。"教学案"的出现，提供给学生一个预习的情境，学生通过对自主学习和质疑学习中所遇到困难的解决以及课堂中与教师、同学互助合作，实现以教师为主导、学生为主体的学习过程，从而促进师生共同发展。

（一）改变学生学习精力的分布，调整学生认知的过程

在传统的学习方式中，学生在课堂上听课，课后通过练习巩固知识。究其实质，这是一个被动的学习过程。"教学案"使学生的学习着力点发生变化——主要集中在课前和课中。在集体备课时，教师设计好学生预习的内容，大概包括填空、完成历史线索提纲、某一典型例题等形式，但不论哪种形式，都

旨在鼓励学生自主学习,鼓励学生调整认知过程。

(二)通过发现问题与提出问题,激发学生探究性学习的兴趣和认知能力

在设计"教学案"的过程中,每一个课时都要求学生至少提出一个问题。这对改变以往固有的学习方式还是很有效果的。在过去的学习中,学生很少主动发问,其中原因也相当复杂。已有研究者做了研究,发现与学习的习惯、环境、性格、教师引导、传统文化等因素有关。

(三)通过自主学习与合作学习,改变学生认知的策略

埃德加·富尔在《学会生存——教育世界的今天和明天》一书中说道:"未来的文盲,不再是不识字的人,而是没有学会学习的人。"确实,学生的学习能力得到发展与掌握学习方法比学生学习知识更有意义和价值。"教学案"在使用中有几个比较集中的学习环节,这些环节对改变学生的认知策略有积极作用。

(四)鼓励和促进多维发展,改善学生学业成绩

学生由于从小学到初中面临学习环境、习惯、教师教学风格等的变化,受到固有学习思维的影响,自主预习效果并不好。经过使用"教学案"的不断努力,学生领会了自主学习的意义,再加上教师的引导,学生知识面得以增广,兴趣得到提升,质疑水平也有了提高,思想变得活跃,这些方面的改变是显而易见的。

经过两年多时间对"教学案"的坚持使用,学生由被动学习转变为主动学习,由被动思考老师提出的问题到主动质疑、释疑、辨疑、归纳知识等,学业成绩得到改善。学生参加的历次区质量检测成绩均在街道同类学校中居领先位置。当然学业成绩的提高因素是多方面的,但"教学案"的使用对学生学业成绩带来的积极意义也十分明显。

总之,在遵循认知规律的前提下,通过使用"教学案",可以真正意义上让学生成为学习过程的主体,不断强化学生的质疑能力,通过合作探究、互助释疑等方法,有效激发学生学习的兴趣,改变认知方式,从而实现学生认知能力的全面提升。

(本文完稿于2013年9月)

分层走班教学制度研究

一、分层走班教学的总体目标

总体目标:让每一位学生都得到充分的发展。

不同层次学生的培养目标:

(1)A层次学生(低层生)培养目标:逐渐将兴趣转移至数学和英语学科的学习上,初步形成认真听讲、独立完成"易"且"少"的课后作业的学习习惯,培养同困难做斗争的意志。

(2)B1层次学生(中偏低生)培养目标:逐渐喜欢数学和英语,并初步形成质疑讨论的习惯和主动追求的学习品质,培养刻苦耐劳的精神。

(3)B2层次学生(中偏高生)培养目标:逐渐爱好数学和英语,逐步养成独立钻研和题后反思的习惯,具备一定的自学能力。

(4)C层次学生(高层生)的培养目标:逐渐热爱数学,有一定的学科素养,初步形成严谨、踏实、创新的学习品质,有较强的自学能力。

通过分层导学,逐级推进,激发学生活力,为班级授课营造出良好的氛围,从而提高整个年级数学、英语学习的质量。

二、分层走班教学的科目及实施时间

(一)分层走班的科目:数学、英语

我校第一次实施分层走班教学模式,所有工作都是摸索着进行。为了让分层走班教学模式顺利进行,我们采用少科目分层走班教学,以数学和英语两个科目为实验科目。这主要是因为相对其他科目,七年级学生的数学和英语分化比较严重,有利于分层教学工作的开展。

(二)分层走班实施时间

第八周开始实施分层走班教学,第八周之前要完成各项工作准备,如:测试、组班、教师配置、课表编排、教室安排、分层走班指导班会课、家长会、分层教学策略培训等工作。

三、分层走班教学的班级架构建设

(一)测试

1. 命题

语文、数学、英语三个科目的备课组长命制测试题,考试时间90分钟,要求:

(1)分值:总分100分;

(2)内容:开学以来学过的知识,要全面,但是不能重复考查一个知识点;

(3)难度:要有梯度,比例为7∶2∶1,能够体现选拔性;

(4)上交材料:第五周周五放学前备课组长上交,包括双向细目表、试卷、答卷、答案(要有评分标准);

(5)保密性:对试卷进行保密;

(6)审核文印:教学级长审核,并送到文印室文印;

(7)考场安排:质控中心协助安排。

2. 考前辅导

第五周,班主任利用班会课对学生进行考前辅导:

(1)认真准备,积极应对;

(2)带齐考试用品;

(3)强调答题注意事项,如:填涂好姓名、学号等信息。

3. 考试

时间安排:语文 8:00—9:30;数学 10:00—11:30;英语 14:30—16:00。

监考员安排:质控中心协助安排。

4. 阅卷

非班主任的测试科目科任老师,在学生军训前三天进行阅卷,方便后期的分层组班工作。采取流水作业,严格按照评分标准进行改卷。

5. 统分

阅完卷后立即登分,备课组长汇总给教学级长,教学级长进行数据分析,为学生填意愿表做准备。

(二)分组分层组班

1. 分组

把全年级16个行政班分成四个组:第1小组1—4班,第2小组5—8班,第3小组9—12班,第4小组13—16班。

2. 分层

根据学生意愿和家长的意见,结合学生个人实际学习能力情况,把每个小组按照数学和英语两个科目分别分成四个层次,即1个A班,2个B班,1个C班(表2-1):

表2-1 年级学生分组分层表

组别	层次名称
第1小组	A1,B1,B2,C1
第2小组	A2,B3,B4,C2
第3小组	A3,B5,B6,C3
第4小组	A4,B7,B8,C4

A班的人数控制在36人左右，B班的人数控制在48人左右，C班的人数也是控制在48人左右。

（三）教师、课室安排

教师配置原则：(A,C)或(B,B)；

教师安排原则：一个层次一个教室；

具体安排如表2-2：

表2-2　教师、课室安排表

组别	数学教师	英语教师	组别	教室	分层编号	数学授课教师	英语授课教师
第一大组	梁卫彬 刘海燕 黄宗德 李艳桃 袁晓娟	彭芙蓉 李朝晖 麦莉莉 谢荣材	第1小组	1	A1	黄宗德	谢荣材
				2	C1	梁卫彬	彭芙蓉
				3	B1	李艳桃	麦莉莉
				4	B2	袁晓娟	李朝晖
			第2小组	5	B3	袁晓娟	李朝晖
				6	B4	李艳桃	麦莉莉
				7	C2	刘海燕	谢荣材
				8	A2	梁卫彬	彭芙蓉
第二大组	陈小义 卢秀英 胡珺珺 林文雅	王义平 麦淑玲 邵结梅 胡文惠 钱智莹	第3小组	9	A3	陈小义	邵结梅
				10	C3	卢秀英	胡文惠
				11	B5	胡珺珺	钱智莹
				12	B6	林文雅	麦淑玲
			第4小组	13	A4	卢秀英	胡文惠
				14	C4	陈小义	王义平
				15	B7	林文雅	麦淑玲
				16	B8	胡珺珺	钱智莹

总务处要做好班牌的设计，并在军训结束前要按照指定位置张贴好。

(四)课表编排

课程与质量中心协助排课,要求:

(1)数学和英语排在第二、三、四、六、七节,尽量不要安排在下午上课;

(2)数学第1小组和第2小组的课不要冲突,第3小组和第4小组的课不要冲突;

(3)英语第1小组和第2小组的课不要冲突,第3小组和第4小组的课不要冲突;

(4)军训前排好课表。

(五)座位安排

科任老师在组班分层工作结束后,拿到自己授课班级的名单,根据同班同组原则,分好学习小组,每组6人。安排好座位,门口张贴一张,并把座位表发到级长处。

(六)班干部设置

授课教师选择好班长,协助授课教师进行日常事务管理;分别从各班中选一名科代表,协助授课教师收发作业、登记作业,并把作业情况及时反馈给班主任,科代表是班主任和授课教师之间的重要联络人。

四、分层走班教学的教学策略

总体要求:同一层次下统一备课、统一进度、统一练习、统一月考。

(一)教学目标分层

目标是教学的归宿。分层教学要从分层次备课入手,根据课程标准的总体要求和不同层次学生的实际能力,设计、制定出不同层次的教学目标,使目标的难易程度与学生的实际水平相适应,既可以实现,又不是轻而易举。

数学、英语备课分别制定《七年级数学(北师大版)分层教学各层次目标要求系列表》《七年级英语(外研版)分层教学各层次目标要求系列表》。要求:

1. 保证A、B、C三层次的教学目标有80%的共同点,B和C层次的教学目

标有90%的共同点：

A层次体现课程标准"基本"要求，达到"识记"，逐步实现学科学习兴趣的正迁移，有意识地培养同困难做斗争的意志。

B层次体现课程标准"基本"要求，达到"识记"，逐步实现学科学习兴趣的正迁移，有意识地培养同困难做斗争的意志。结合所学知识分析问题、解决问题，养成独立钻研和题后反思的习惯，具备一定的自学能力。

C层次具备良好的知识迁移和举一反三能力，有较强的综合分析能力和实践能力，初步形成严谨、踏实、创新的学习品质，有较强的自学能力和学科素养。

2. 每周五上交下一周备课的目标系列表，和学案、课件一起上传到Ftp教学资源文件夹。目标系列表越早确定越好，最好实施分层教学后两周内完成整一册教材的目标系列表，以便实现后期备课的整体性。

3. 模版参照《分层教学各层次目标要求系列表》。

（二）教学内容分层

根据不同层次的教学目标要求，选取相应的教学内容，体现分层教学的要求。教学内容分层主要体现在学案和巩固练习题中。保证A、B、C三层次的教学内容有80%的共同点，B和C层次的教学内容有90%的共同点。

（三）教学方法分层

根据不同层次学生的学习能力以及教学目标要求，采取不同的教学方式：

A层次的学生更多的是在授课老师的引导下完成一节课的学习，教师要更多关注A层次学生的个体学习状态、学习习惯等。

B层次的学生可以在授课老师的指导下，小组合作完成一节课的学习。教师更多的是指导B层次的学生通过小组合作学习获取知识，提升能力。

C层次的学生在授课老师的点拨下，小组合作完成一节课的学习，相对B层次而言，老师要更加放手让学生去思考、展示、表达、合作。

（四）课后作业分层

课外作业要切实考虑各层次学生的可接受性，不同层次布置不同的作业。

作业分为 A(主要由课后的 A 组题组成)、B(主要由课后 B 组题组成,也包括相关知识点的中考题)、C(主要由难度较大的综合题、深化题或竞赛题组成)三组:

A 层次的学生 A 组题为必做题,B、C 组为选做题;

B 层次的学生 A、B 组题为必做题,C 类为选做题;

C 层次的学生 B、C 组题为必做题,A 类为选做题。

这样的分层作业秉持"让每个人吃得饱"的理念,满足了不同层次学生的需求,使作业真正发挥巩固知识、深化知识、发展能力的作用。当天的课后作业要当堂布置,避免布置作业的麻烦!

(五)分层辅导

分层辅导与拓展课相结合,安排在周二、周四第 7、8 节,周二数学、周四英语。1—8 班选出一个特尖班,人数在 30 人左右,选出一个临 B 班,人数在 25 人左右;9—16 班选出一个特尖班,人数在 30 人左右,选出一个临 B 班,人数在 25 人左右。

(六)分层测试

期中考、月考、周测等考试中采取学什么考什么的原则命题,不同层次选用不同测试题,但是难度系数都控制在 0.75 左右,测试题有相应的授课老师命题,备课组长审核。对于教育局等部门要求的统考,就不再分别命题测试,全年级按要求统一测试。

测试形式采取走班形式,单人单桌,或者质控中心统一安排。

(七)分层评价

由于不同层次的测试内容、要求不一样,所以采取的评价方式也是有所不同的。及时、客观、准确地评价是整个分层教学顺利进行的重要保障。对于不同层次的学生的作业、考卷、回答问题,教师可采用不同的评价方法,并使评价成为激发学生学习热情的催化剂和助力器,推动学生在学习上勇往直前。对层次较低、学习有困难、自卑感强的学生,多采取表扬评价,努力发现其闪光点,及时肯定他们的点滴进步,使他们看到希望,克服自卑心理,品尝成功的喜

悦;对中等层次的学生,可多采用激励评价,既指出不足,又指明努力方向,促使他们不甘落后,奋发图强;对层次高、自信心强的学生,多采用竞争评价,坚持高标准、严要求,引导他们更加严谨谦虚,更加努力拼搏。

五、分层走班教学前期的其他工作

(一)测试动员

班主任要上主题班会课,强调此次测试的重要性,让学生重视此次测试,提醒学生带齐考试用品,指导学生如何填涂答题卡,强调考试纪律要求等。

(二)家长动员

第八周后,举行分层走班教学家长说明会。进行分层教学前,重视做家长和学生的动员工作,让家长和学生了解当前班级的构成情况(班级学生人数多、差异大,而且学生的差异随着年级的变化在不断增大)、数学和英语教学的困难(教师面对学生的差异不知"因"哪些"材"来施教,教学总是保障了一部分学生的利益却损害了其他学生的利益,教学起点、教学进度、教学难度很难把握等),让家长和学生理解分层教学的目的是为了使教学顾及每一位学生,使教师的教更适合学生的学,使全体学生都在原有的基础上得到较好的发展。

家长会时间:第八周。

(三)学生填意向表

第一,班主任根据学生的实际学习能力,对每一位学生如何选择层次进行指导;

第二,学生和家长一起完成意向表,并签名;

第三,班主任和科任老师对个别学生的意向表进行再指导;

第四,班主任汇总录入各班学生的意向表,并发给刘海燕级长。

(四)分层走班试行

正式实施分层走班前,我们要进行一两次的试行。要求:

(1)级长设计好路线:1、2班各层次学生从3号教学楼左侧楼梯口下来,3、4班各层次学生从3号教学楼去二楼;

（2）相应的科任老师要到场；

（3）学生带好相关的学习用品（书、学案、笔记本、两色笔等）到相应的教室,科任老师检查；

（4）走班过程中不允许大吵大闹,互相推搡,安全第一；

（5）时间：实施前一天进行测试。

（五）备课组长及科任老师培训

备课组长和科任老师学习分层走班教学策略；

科任老师管理班级培训。

（六）班长、科代表、组长培训

明确班长、科代表、小组长的职责和权力。

六、分层走班教学的常规管理

常规管理的终极目标：服务分层教学,保障分层教学顺利有序进行,从而提高教学质量。

走班实行授课老师全权负责,行政班班主任协助完成。授课老师负责班干部的选拔（班长、科代表、小组长）、纪律卫生、考勤等工作。

走班学生的德育考核直接记入行政班德育考核。

班长职责：协助授课教师管理班级事务,如课前考勤、卫生检查、课堂纪律登记、课后卫生检查、作业汇总登记。

科代表职责：协助授课教师收发作业、登记作业情况,把走班学生的学习情况、德育情况反馈给授课老师和行政班班主任。

小组长职责：帮助组员的学习,组织好小组合作学习,管理小组的课堂秩序。

（本文完稿于 2015 年 9 月）

基于"学生个性化发展"的校本改革

《国家中长期教育改革和发展规划纲要(2010—2020年)》人才培养体制改革明确要求:"创新人才培养模式,注重因材施教,关注学生不同特点和个性差异,发展每一个学生的优势潜能。推进分层教学、走班制、学分制、导师制等教学管理制度改革。"2016年,《顺德区教育改革综合方案》明确指出:"义务教育要在均衡的基础上实现优质发展,通过改革实现义务教育高质量均衡。"凤城中学是顺德区一所拥有半个多世纪历史的初级中学,2002年在全区实施教育资源整合,创办优质、均衡教育的背景下,与大门中学合并办学。在历经沧桑而又厚实的奋斗历程中,凤城中学开创了一个又一个新局面,先后被评为广东省一级学校、广东省心理健康教育师范学校、佛山市中小学思想道德教育先进工作单位,连续多年获得"顺德区先进学校"等荣誉。2016年是凤城中学再次实现跨越式发展的关键年,学校结合校情,以《国家中长期教育改革和发展规划纲要(2010—2020年)》与2016年《顺德区教育改革综合方案》等相关政策要求为指导,以实现"学生个性化发展"为校本改革核心目标,积极推进教育教学业务的综合改革,在具体的工作中取得了不俗的成绩。

一、立足实际,在困境中寻求突破

近几年,由于历史和现实原因,凤城中学在教育教学改革发展中呈现出诸多困难,学校的发展脚步略显沉重。

(一) 现行的教育教学思想缺乏活力与动力

过去几年,凤城中学在教学活动中先后尝试实践"先学后教"的洋思模式、"讲学稿"教学的东卢模式、小组合作学习模式以及土生土长的"双体现,共发展"教学思想,全校上下同心同力教书育人,在客观上取得了一定的进步和实效,但未能实现学校成为区域名校的预期目标,未能从根本上解决学生差异发展的问题。

(二) 生源结构复杂,学生素质水平不一

因凤城中学地处城乡接合部,绝大部分学生来自大门、红岗、凤翔、古鉴等农村工业区,小部分近良、南华居委的学生,外来务工子女入学超过全校学生的60%,导致学生素质水平不一,这一现状严重制约和影响学校教育教学质量的发展。

(三) 教师队伍结构性不合理,名师、导师的引领作用不够明显

一是师资队伍年轻化,但培养任务也重,个别学科教师年龄结构不合理;二是学科内部教师的专业水平、教学能力发展不平衡,教学效果参差不齐,高职低能现象严重,师资队伍内部的扶差工作量大,并对数名教学能力差的教师实行了转岗、转科处理。

(四) 学校基础设施建设陈旧,维修能耗巨大

因学校承用前顺德师范校舍及功能场室,旧的校舍及场室年代较久,功能场室布局不合理,教学设备老化,内部的电教设施设备、音响系统及线路多已老化,极易漏电短路,教学楼2栋、3栋、饭堂及宿舍3、4栋经监测为C级。

为了改变这种困境,2015年7月,在刘丽华校长的带领下凤城中学全体教师积极探索,希望通过构建学生个性化发展的校本改革,在课堂教学改革和学校管理中寻求一些新思路,找到一些更适合学校现状的方法和行动来推进学校的发展。

二、课程重构,让学生实现差异发展

《基础教育课程改革纲要(试行)》明确指出:"教师应尊重学生的人格,关

注个体差异,满足不同学生的学习需要,创设能引导学生主动参与的教育环境,激发学生的学习积极性,培养学生掌握和运用知识的态度和能力,使每个学生都能得到充分的发展。"2015学年初,在行政会议上刘丽华校长说:"学校的中心工作是课程改革,学校的课程改革不是单向的,它需要构建一个综合立体的体系。"这促使学校在校本改革中就实现学生个性化发展继续探讨和实践,并提出了"开发学生潜能,实现学生多元发展"的课程建设目标,构建基于学生综合素质培养的多元化课程体系改革——促进学生全面发展。目前已初步创建了"基础+拓展+探究"的多元化课程体系。

第一,保证开足开齐义务教育阶段国家必修基础课程,保障学生的基本能力得到发展。

第二,以"开发学生潜能,实现学生多元发展"作为引领,以教师个人能力与素养为前提,在初一、初二年级开设学科素养类、艺术素养类、运动素养类、个人素养类等类型的课程,拓展学生的知识面,完善学生的知识结构,提高学生的综合素质,促进学生全面发展,目前学校已开设拓展型课程近48门。

第三,开设校本探究型课程,突破学生个性兴趣爱好发展的局限。以社会实践、科技创新、调查报告、社区服务为探究创设平台,引导学生关注自身兴趣、尊重个性、注重创造能力,培养学生在各种社团活动以及运用现代教育技术中所体现的创造能力。

三、见贤思齐,探索中完善改革

实践证明,改革过程中往往困难多过惊喜,在课程体系重构的过程中,涉及学生个体发展差异、教师评价、学生管理等问题。针对这一系列问题的出现,学校管理团队在实践中不断磨砺,勇于担当,在改变中寻求完善的机会。《国家中长期教育改革和发展规划纲要(2010—2020年)》明确要求:学校要"给学生留下了解社会、深入思考、动手实践、健身娱乐的时间……培养学生学习兴趣和爱好。严格执行课程方案,不得增加课时和提高难度。"这一要求也成为各学校坚实推进课程改革的动力和依据。

（一）构建基于学生能力培养的动态"分层走班"教学组织形式，实现学生的差异性发展

凤城中学分层教学实践活动在保持行政班前提下，根据学生学习能力、学习习惯、学生后续发展的动力等把学生分为 A 层、B 层、C 层三个层次，其中 A 层以培养学生的学习兴趣、学习习惯为目标，B 层以培养学生学习方法和能力为目标，C 层以培养学生学科素养和热爱学习为目标，总之就是期望达到学生差异性发展的目标。目前初二年级以数学、英语、物理为主要分层教学科目，采取"先分组后分层"的原则，即把全年级 16 个班分为四个小组，在小组内把学生分为 A 层、B 层、C 层三个层次；把数学、英语、物理备课组的教师分为两个小组，教师的任教层次可以自行申报，由学校统筹安排，以降低备课、上课、排课表等技术难度。而初三年级学生由于有初中升高中的压力，且认知水平相较初一和初二年级学生有了较大进步，其分层教学的组织形式也略有不同，以学生的综合发展水平为分层依据，并以学生对文理科的兴趣和学生特长作为走班上课的选择。

（二）构建基于提升教师专业素养提升的"教师动态职级考核办法"，以此唤醒教师内在成长的动力

凤城中学教师职级制度是在不改变教师职称和职务的前提下，通过设置不同职级专业目标，以引领教师实现专业发展。职级包括潜能教师、胜任教师、优秀教师、卓越教师，各目标职级绩效奖励也不同，奖金分配比例为 0.6∶1∶1.5∶2，主要考查教师职业态度、师德素养、教学实绩、教研实绩、教研常规、专业影响六个方面。

北京师范大学鲍传友教授给我们的建议是："评价的体系宜粗不宜细，要淡化经济激励，注重维护教师的情感，不要太关注纯粹的结果。同时这些评价标准的认可度要高，让教师要有归属感。"正如上文所述，在问题面前全校上下都是以解决问题的心态来沟通，职级设置注重教师的情感需要，以营造积极向上的文化氛围，使教师认同学校发展的核心理念，辅之以相应的奖励，以此实现教师专业自主发展与学校发展，其实质是发展性评价。学校于 2015 年 12

月16日在全校教师大会上,讨论并通过了《凤城中学教师动态职级管理办法》,说明标准的认可程度非常高。

(三)构建基于开发管理团队的新视野,重塑职能部门职责,提高服务效率

学校将此前沿用多年的德育处、教务处、办公室、总务处的职能部门进行调整,以教师发展中心、学生发展中心、课程与质量监控中心、后勤服务中心、信息技术中心来命名,各中心职责明晰,各司其职,分工合作,精气神足,能够更好地服务学校发展,以全新的视野投入到学校新一轮的建设中去。

教师发展中心负责教师培训、教师竞赛及人事工作;学生发展中心对接学生与家长的一切事务,并指导德育级长与班主任的工作;课程与质量监控中心负责日常的教学常规管理、课程开发、教学质量以及指导科组长、教学级长的工作;后勤服务中心旨在满足学校发展的建设需要与师生工作生活的日常需要;信息技术中心负责学校各类技术平台的开发、各类数据的处理分析,为学校制定发展政策提供依据。实践证明,部门职能重新调整后,学校各项工作确实高效了很多。

(四)重构基于"全方位"育人的现代理念德育体系

分层走班教学实施后,学生流动性增大,带来学生与老师沟通不便、教师不能很好地指导学生、学生问题不能第一时间解决等问题,使我校引以为豪的德育教育有点跟不上脚步。我校在"关注全体学生,实现教书与育人相统一"思想的指导下,由学校何楚埙副校长组织,全体中层干部经过思考、讨论,制定出相应的可操作的导师制度,采取首席导师与课程导师相结合的方式,两类导师的工作内容各有侧重,但育人目标是一致的。在目前的实践中虽也存在一些亟待解决的问题,但总体上已得到全校师生的认可。

(五)实现基于家长与学生共同成长的学分考评制改革——激励家长、促进学生、家校联系更紧密

家庭教育永远是教育活动的主题之一,从2015学年起学生发展中心在整合原有德育课程的基础上,在初一、初二级以课程的形式实践"学生学分制"与"家长学分制"。创设德育课程,如专题教育课程、班团队活动课程、节假日活动课程、校园文化活动课程、社会实践课程等,明确学生德育学习的任务和承担的责任,使学生在学习文化知识的过程中积极参与各类活动,规范自己的言行,培养学生健全的人格,每学年末以书面形式将学生的德育综合成绩告知家长。以此为基础,学校建立了家长学分制,由我校在家校沟通、家庭教育方面比较有经验的教师主体研修,形成课程,以面对面授课的形式与家长交流教育的方法,组织初一、初二学生家长每学年参加4次及以上家长课堂活动,形成学分激励机制,以星级标准鼓励家长更多地参与学校教育,支持学校教育活动,形成教育合力,以实现育人目的。

在过去的一年,我们欣喜地发现全校上下呈现出发展的活力,以专业的视角、多样的形式、科学的方法,多措并举,构建校本改革的立体化体系,提升教师的专业发展,探索学生差异性发展,实现学校的全方位进步,得到了省市区各级领导、专家的支持和认可,凤城中学也向成为区域优质学校的目标迈进了坚实一步。

(本文完稿于2016年12月)

教学策略

"分层走班"教学与学校核心竞争力的提升

分层走班教学理念源自20世纪初的美国,于20世纪80年代引入我国部分地区高中、职中,并在具体实践与探索中取得不俗的成绩,也证明分层教学确实有利于促进学生核心素养的提升,但是在初中阶段实施分层教学的并不常见。凤城中学从2013年9月起尝试分层走班教学,并在实践中不断探索、完善,从不成熟到成熟,从问题诸多到问题迎刃而解,历经三年已初具规模,特别是在2015学年取得了突破性进展,已进入比较成熟的阶段。

一、立足实际,困境中寻求突破

凤城中学是一所地处城乡接合部的初级中学,生源结构复杂,学生素质水平不一。过去十年,凤城中学先后尝试实践"先学后教"的洋思模式、"讲学稿"教学的东卢模式、小组合作学习模式以及土生土长的"双体现,共发展"教学思想,全校上下同心同力教书育人,在客观上取得了一定的进步和实效,但课堂教学管理效果有限,未能达到预期目标,未能从根本上解决学生差异发展的问题,不能针对学生个体差异进行教学,特别是思维含量比较高的数学、英语、物理、化学等学科更是如此。

为了改变这种困境,2015年7月,在校长刘丽华的带领下,凤城中学全体教师积极探索,希望能够在课堂教学改革和学校管理中寻求一些新思路,试图

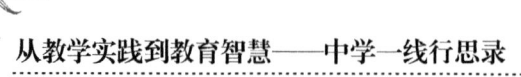

找到一些更合适学校现状的理论和政策依据并指导实践活动。《基础教育课程改革纲要（试行）》明确指出："教师应尊重学生的人格，关注个体差异，满足不同学生的学习需要，创设能引导学生主动参与的教育环境，激发学生的学习积极性，培养学生掌握和运用知识的态度和能力，使每个学生都能得到充分的发展。"这为学校继续深化试行分层教学找到了关键的政策支持。布鲁姆的"掌握学习"理论、维果斯基的"最近发展区"理论、巴班斯基的"教学过程最优化"思想以及孔子的"因材施教"等思想也是支撑我们实践分层教学活动的理论依据。在过去的2015学年，凤城中学在初一级和初三级针对各年段不同特点实施分层教学，并取得显著成效。

二、锲而不舍，规范中循序前进

凤城中学分层教学实践活动在保持行政班前提下，根据学习能力、学习习惯、学生后续发展的动力等把学生分为A层、B层、C层三个层次，其中A层以培养学生的学习兴趣、学习习惯为目标，B层以培养学生学习方法和能力为目标，C层以培养学生学科素养和热爱学习为目标，总之就是期望达到学生差异性发展的目标。初一年级以数学、英语为主要分层教学科目，初三年级以数学、英语、物理、化学为主要分层教学科目。初一年级采取"先分组后分层"的原则，即把全年级16个班分为四个小组，在小组内把学生分为A层、B层、C层三个层次；把数学、英语备课组的教师分为两个小组，教师的任教层次可以自行申报，由学校统筹安排，以降低课表编排的难度。因升学关系到学生的未来与学校的声誉，初三年级分层教学的组织形式略有不同，以学生总分为分层依据。

为了让分层教学理念顺利有序地贯彻实施，刘丽华校长就此问题形成一套颇具智慧的工作思路。

首先，通过培训提升管理人员、实操教师的认识，达到统一思想的目标。学校先后多次邀请上海市建平中学廖飞主任到校指导教学，通过培训从思想上与技术上打通管理人员、教学人员的"任督"二脉；先后多次派主管教学与实施分层教学的主管行政、级长到上海学习，身处其中体验、感悟；多次组织分层

教学学科教师进行研讨、互动,从多视角、全方位听取意见,积累经验,以便及时调整。

其次,通过构建家校互信机制,赢得家长的支持。家长对学校的支持是学校教育工作顺利开展的关键。为此,学校以年级家长会、班级家长会的形式由校长、行政主管公开宣讲分层教学理念,并创建学校微信公众号、班级家长微信群以便及时解答家长的各种疑惑,同时由学生发展中心制定家长学分制实施办法,要求家长每学期至少到学校参加一次家长课堂的学习。始终保持高度的信息畅通,保持公开坦诚的交流,让家长、社会客观清晰了解学校的动态,以形成教育的合力,使分层教学经得起社会、家长的拷问。

再次,分层教学是一种教学形式,如何让这种形式发挥其最优效果呢?在具体的实践中,学校坚持推进个性化课程,即不同层级的课堂教学由不同的教师结合学生能力、基础、习惯以及培养的目标进行备课、授课,再以学科素养类课程辅助,尽量满足不同学生发展的需求。实践证明,这个办法是有效的,但仍待完善。

最后,学生是教学活动的主体,如何通过调动学生自主学习的积极性实现高效教学?如何让学生在分层教学中提升自己的核心素养?为此,学校构建动态分层机制,根据不同时段学生学习的能力与呈现出的效果,在期中或者期末对不稳定的学生进行分层移动,让学生清晰地认识到自己存在的问题和呈现出的学习状态。而对于某一些处于两层中间状态的学生,就在此基础之上增加一层。总之,就是要让学生找到适合自己的学习状态。

三、见贤思齐,探索中完善改革

2015学年初,刘校长在行政会议上说:"学校的中心工作是课堂教学改革,即实践和完善分层走班教学,以保障质量。但学校的教育教学改革不是单向的,它需要构建一个综合立体的体系。"当然,改革过程中往往困难多过惊喜,例如学生课程体系的重构、教材的整合、各层次教学的针对性、教师评价、学生管理等问题层出不穷。针对这一系列问题,学校管理团队在实践中不断磨砺,勇于担当,在改变中寻求完善的机会。

第一,学校通过构建"教师动态职级考核办法"来调动教师工作的热情。凤城中学教师职级制度是在不改变教师职称和职务的前提下,通过设置不同职级专业目标,引领教师专业发展。职级包括卓越教师、优秀教师、胜任教师、潜能教师,职级设置注重教师的情感需要,营造积极向上的文化氛围,辅之以相应的奖励,以此实现教师专业自主发展与学校发展,其实质是发展性评价。

第二,构建学科多元课程体系。我们在保证开足、开齐国家课程的前提下构建学科探究性课程、素养拓展性课程与社会实践类课程,以满足不同学生的需求,真正实践素质教育的要求,提升学生的核心素养。目前学校已经开设拓展型课程48门,已积极着手整合教材,以实现课堂学习过程中的高效率。

第三,重塑职能部门职责。学校将此前沿用多年的德育处、教务处、办公室、总务处的职能部门进行调整,以教师发展中心、学生发展中心、课程与质量监控中心、后勤服务中心、信息技术中心来命名,各中心职责明晰,各司其职,分工合作,精气神足,能够更好地服务学校发展。

第四,建立学生学分制与家长学分制。让学生明白读书不仅仅是义务,还要承当相应的责任。与家长交流,使家长更多地参与学校教育,支持学校教育活动,形成教育合力,以实现育人的目的。

第五,着手实施导师制度,完善学生管理体系。分层走班教学实施后,学生流动性增大,学生与老师沟通不便、教师不能很好地指导学生、学生问题不能第一时间解决等问题出现。为了解决这一问题,学校认真思考、交流、学习,决定于2016年学年起,借鉴北京、长三角地区部分学校中采取的卓有成效的导师制度,以辅助学校各项改革,推进全员育人工作。

改革是一个创新发展的过程,是学校核心竞争力提升的关键。过去一年,学校在新一轮的改革中通过构建全面而综合的改革体系,以调动和鼓励全体师生教育教学的积极性。我们欣喜地发现,学校校容、校貌与师生的情操均有正向的提升。当然,变革之路并非坦途,在现实与未来面前,我们将一如既往努力。

(本文完稿于2017年7月)

教学策略

初级中学"分层走班"教学管理策略

21世纪以来,基础教育各项改革措施接踵而来,《义务教育历史课程标准(2011年版)》明确提出教育要面向全体学生。然而学生个体存在差异,要实现这一目标就必须因材施教。

2014年9月国务院发布了《关于深化考试招生制度改革的实施意见》,新一轮高考改革呼之欲出,其设计理念基于学生个性特长自主、自由选科,并随之出现了3+1+2的考试模式。因此,分类分层走班教学就成为高中阶段教学管理改革的风向标。

北京、上海、江苏、重庆、四川、湖北、广东等地的初中校园相继出现了在保留行政班的前提下按学科分层走班的教学管理模式,这种模式成为不同类型、不同特点、不同文化的学校逐渐探索的教学管理模式之一。特别是北京市第十一学校,在其体制优势的保障下,分层走班教学非常成功,成为业界典范。

我所在的佛山市顺德区凤城实验学校是一所地处城乡接合部的九年一贯制公立学校,初中阶段生源结构差异非常大,70%以上的学生属于进城务工子弟,剩余小部分属于原住居民家的孩子。受语言环境、学习理念等因素影响,这两类学生的学习基础和学习习惯存在较大差异。这样的学情差异导致教学的难度非常大,往往在课堂教学中,教师不能做到兼顾所有学生,教学效果自然也很难保证。基于此,2015年初,我校决定尝试新的教学管理模式——分层走班教学,以激发学生的学习积极性,充分发挥个人的创造能力,实现不同层次的学生共同发展。

一、关于"分层走班"教学的理论依据

凤城实验学校的分层走班教学是在保持传统行政班前提下,学生根据现有的知识基础以及对各学科的学习能力和兴趣,去相应不同层次的教学班上课,差异比较大的学科不固定班级、流动性的学习模式。

分层走班教学管理主要是建立在"因材施教""最近发展理论""教学最优化"和"多元智力"理论的基础之上,以此探索教师与学生和谐发展的途径和方法。

"因材施教"是我国著名教育家孔子提出的重要教育思想,即主张"因材施教,因人而异",认为育人要"深其深,浅其浅,益其益,尊其尊"。两千多年来,它一直是我国教育工作者普遍尊奉的法则。

苏联心理学家维果茨基的"最近发展理论"认为,每个人都有两个水平:一是现实的发展水平,指由一定的已经完成的系统所形成的儿童心理机能的水平,即个体独立活动所能达到的水平;二是潜在的发展水平,指个体在成人或比他成熟的人的指导帮助下所能达到的解决问题活动水平;两者之间的幅度为最近发展区。教学必须以学生现有水平为起点,从学生的潜在水平开始,通过教学把潜在水平转化为新的现有水平,把正在成熟的心理机能转化为成熟的心理机能,然后在新的水平上向新的发展区域转化。这种教学循环往复不断转化和最近发展区按层次递进的过程,就是学生的发展过程,分层教学遵循了这一过程。

苏联教育家巴班斯基认为教学过程要最优化。在教学过程中,教师在全面考虑教学规律、原则、任务、内容、方法和形式、系统特征及其内外条件的基础上,选择教学过程的最佳方案,组织教学过程,从而在规定的时间内,使学生在教养、教育和发展三个方面获得最大可能的效果。

加德纳认为,智力并非像我们以往认为的那样是以语言能力和数理逻辑能力为核心、以整合方式存在着的一种智力,而是彼此相互独立、以多元方式存在着的一组智力。包括言语—语言、音乐—节奏、逻辑—数理、视觉—空间、身体—动觉、自知—自省、交流—交往,共7种。

由此,我们认为,培养学生应重视其个性发展,而"走班制"分层的教育环境能够促进学生个性与多元智能发展。基于此,我们想通过实践达成以下目标:深化分层走班教学的研究,通过研究有效的教学方法和教学策略,探索适合初中学生分层走班教学的方式和方法;立足分层走班教学,探索适合我校初中生走班制的管理方法;探索能激发分层走班教学下教师的积极性与适合我校的教师管理办法,为进一步完善学校管理、考核制度提供参考;通过分层走班教学,关注学生兴趣爱好与个性特长、品德形成与人格发展、潜能开发与认知发展、身体与心理发展、艺术审美,促进学生全面地发展。

二、问题导向,解决教学中存在的最迫切需求

实际上,我们在走班教学实施过程中发现很多困难和问题,对此我们采取问题导向、逆向思维的形式去解决和完善。

从学生的视角:一是基于校情制定适合学校的分层走班教学策略和方法;二是基于五育并举研究优化学习行为的途径和教学方法,促进学生德、智、体、美、劳等各方面全面发展;三是基于发展研究分层走班教学中后进生转化的教学策略,促进后进生与其他学生的共同发展;四是基于个性研究分层走班教学下特长生培养的途径和方法,促进特长生与其他学生的个性发展。

从教师成长的视角:探究适合我校学生和教师的分层走班制教学管理办法;研究学校教育评价系统与教育目标系统,有效监控教师的个性化发展;建立和谐的学校人际关系(包括师生关系、生生关系及师师关系),促使教育教学活动良性发展。

从协同育人的视角:研究学校教育与家庭教育协同发展的实施途径,促进学生健康全面发展。

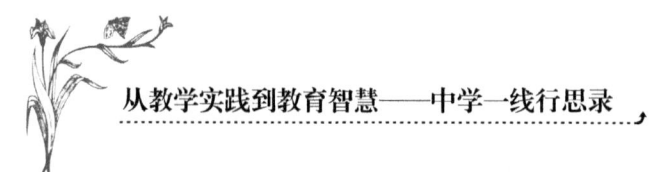

三、优化过程，小步子慢节奏提升实践效果

推行分层走班教学之初，我们也做了细致的思考和研究，形成了一个具体而明确的管理思路和操作流程。

(一)明确分工

1. 主管副校长

(1)研究分层走班教学的方案设计，制定走班教学工作具体开展计划；

(2)在分层走班教学实施过程中逐步调整教师评价体系；

(3)制定分层走班教学实施过程的教学管理和教研的相关机制；

(4)定期召开分层走班教学教研交流会议，总结分层走班教学实施经验，并完成行动总结报告。

2. 教务处主任

(1)具体实施：如课表编制、教师搭配、教学质量分析等；

(2)走班形式的研究与调整；

(3)走班教学形式下学生的管理与导师制度的实施。

3. 学科组长

(1)各学科不同层教学的实施与课例研究；

(2)不同层教学教研机制的实践；

(3)走班形式班级管理的实践探索；

(4)学科教学实施、教学效果测评、分层教学课程建设、分层教学课例研究等。

(二)推进步骤

1. 逐步探索，确定目标

分层教学这个概念并不陌生，陌生的是如何实施。因此，我们远赴上海虹口实验学校学习，并邀请上海建平中学冯恩洪校长、北京师范大学鲍传友教授等专家学者前来指导，确定了在保留行政班的前提下按学科差异分层走班教学的大体思路。其中，初一年级走班教学的学科主要是英语、数学；初二年级

走班教学的学科主要是数学、英语、物理;初三年级是数学、英语、物理、化学。

2. 比较研究,精准选择

在实践过程中,我们基于具体遇到的困难并结合研究方向而不断调整。实施之初侧重探索走班的形式,后来重点关注走班教学制之下的教学、教研、评价、德育建设等内容。目前数学、英语、物理、化学等学科已经形成比较齐备的分层学案资源库。

3. 不断总结,深化交流

在实践过程中,我们不仅仅是走出去学习,还不断邀请区域外有经验的学校负责人来校指导。先后到成都泡桐树中学、上海虹口实验学校、江苏景范中学、福建云峰中学、中山坦州中学、武汉经济开发区第一初级中学交流学习;学校还在2017年11月举行"新高考背景下分层走班教学模式探索"高峰论坛暨2017年全国分层走班联盟年会,邀请业界大咖莅临并指导。

图2-1 笔者在2017年全国分层走班教学联盟年会上做报告

(1)第一阶段:2015年9月—2016年9月,前期研究启动准备阶段

学习培训:2015年9月,新学期开学后,学校提出要在新的初一年级实施分层走班教学改革,并成立相关的课题组,召开学校教学工作会议,结合我校

过去两年分层走班教学实践,确定实践方向与思路,广泛了解、搜集、组织材料,进行调研,着手学术期刊、网络资料收集,摘录课题情报卡片。

(2)第二阶段:2016年9月—2018年7月,建立健全制度规范阶段

建立制度,形成指引和规范:一方面,建立项目推进的制度,规范全校分层走班教学的推进思路,使其有序开展与落实;另一方面对各学科、各年级开展走班教学指导。

实际上,在2013学年的初二年级我们当时就尝试过数学、英语两个学科相邻两个班,分两层进行走班教学。从当时的经验看,A层成绩进步十分明显,B层成绩有进步但并不明显,且B层教学管理难度大,教师的统筹安排也很难。所以在2015学年我们开始走班之前就针对以往总结的经验又进一步统筹安排。分步骤召开讨论会,明确分工,制订具体的走班教学工作计划,分批完成相关学科走班教学的设计,利用个案分析进行阶段性经验总结和研究评价。

4. 整合课程,突破界限

根据不同层次学生的学习能力和学习需求,将学科的课程进行整合。例如:低学段学习能力强的学生可以前置学习,和高学段学习走到同一个教室一起上课,打破学段界限;再如,将不同科目的课程进行整合,打破学科界限。

5. 整合教学资源,提高使用效率

整合学校所有资源(包括教师、教室、器材等资源),最大化提高资源利用效益。例如:根据教师的学科专长开设特色课程。

6. 编撰校本教材

根据学校校情、学生学情,对国家基础课程进行整合、重组,形成校本基础课程教材、学案,目的是为了更好地实施教学。

7. 编写"行政班制"与"走班制"融合路径操作指引

在大量实践、论证的基础上总结项目研究经验,尝试编写"行政班制"与"走班制"融合路径操作指引(图2-2),以供参考。

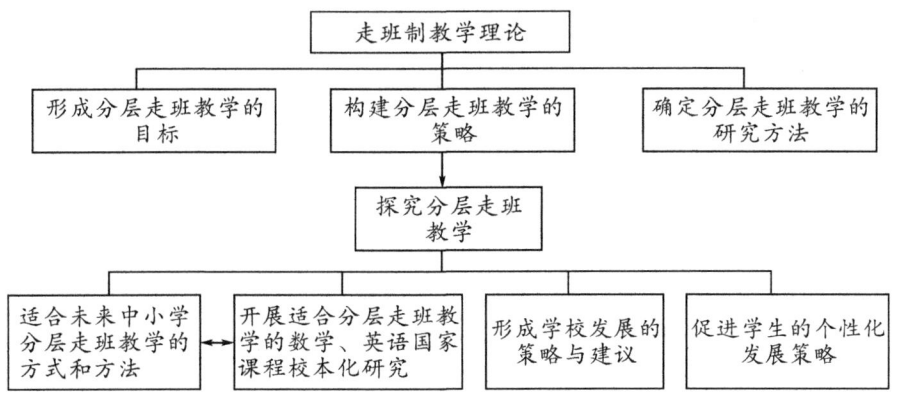

图 2-2 "行政班制"与"走班制"融合路径操作指引

四、反思总结,形成新的实践基础

走班教学并不是孤立开展的,我们充分考虑了其中可能存在的问题和出现的困难,事先做好了一些应对的预案。主要是从走班教学的模式探索、课程建设、教研机制、教师评价、德育建设配套开展。

(一)分层走班教学方式和方法的探索

2015年9月,我校开始实施分层走班教学改革,采取分组分科分类走班模式。分组就是将16个班平均分成4个组,每组4个班。分科就是按照单科或者文理科走班,初一、初二年级是按照单科走班,初三年级是按照文科、理科走班。分类就是按照学生学习接受程度和教师授课难度进行 A、B、C 三类走班。关于走班,形式多样,每个学期都在不断优化,下面对2015级学生五个学期的走班经验进行梳理:

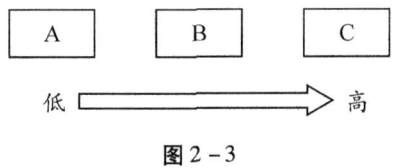

图 2-3

1. 探索一

初一第一学期:16个班分成4个小组,每组内1个 A 班、2个 B 班、1个 C

班。根据学生对学习的兴趣和接受程度,30人组成一个A班,有利于课堂管理;50人组成一个C班,剩下学生平均分成两个B班。

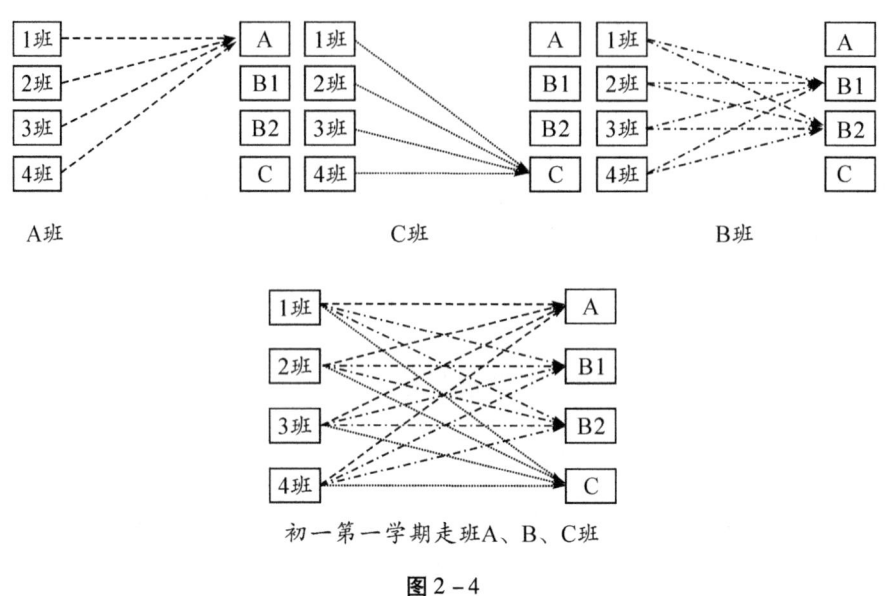

图2-4

这样走班有以下两点优势:其一,A、B、C各类别内学生学习能力均衡,有利于教学的针对性;其二,A类班级30人,相对容易管理。不足的是:B类班级不容易管理,人数多,自觉性不强,导致科任老师收发作业、群体辅导、课堂管理等工作都会遇到一些困难。

2. 探索二

基于"探索一"遇到的困难,我们在初一第二学期进行优化:先把A班、C班分出来,再把相邻的两个行政班B类学生组成一个B班。例如:把1、2班B类学生组成一个B班,3、4班B类学生组成第二个B班。

相比第一学期,B班的走动人次减少更易于管理:一方面走班人次少了,学生走班的速度更快,迟到的现象减少;另一方面科任老师收发作业、群体辅导、课堂管理等工作更加顺畅,尤其是更有利于班主任兼走班科任老师的工作。不足之处在于初一下学期学生差异化更明显,类别规模已经不再适应,主要体现在 C 班学生的课堂学习思维能力得不到提升。

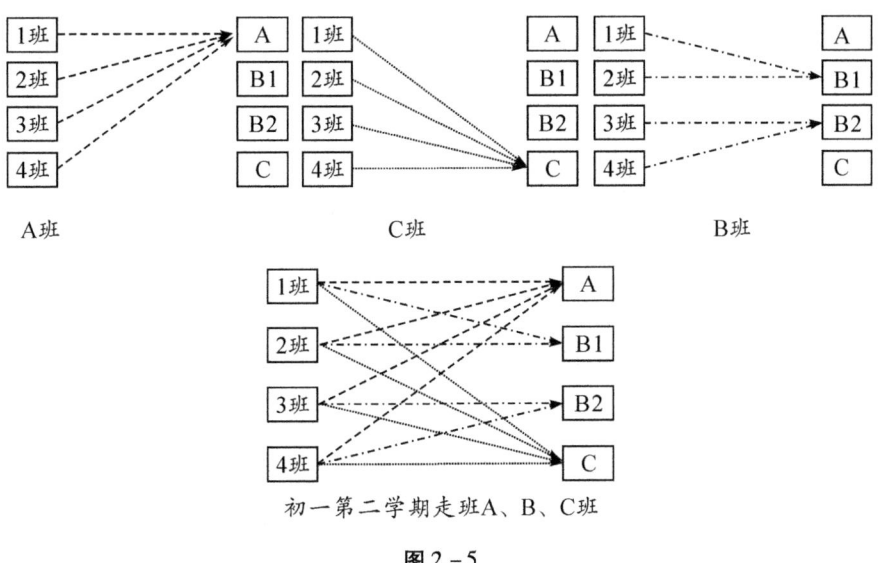

图 2－5

3. 探索三

初二第一学期再次进行优化:减少组数,扩大小组规模,16 个班分成两个组,每组 8 个班。1—4 班 A 类学生组成一个 A 班,5—8 班 A 类学生组成第二个 A 班;1—8 班前 50 名组成 C1 班,51—100 组成 C2 班;相邻的两个行政班 B 类学生组成一个 B 班,例如:1 班、2 班 B 类学生组成 B1 班,3、4 班 B 类学生组成 B2 班,5 班、6 班 B 类学生组成 B3 班,7 班、8 班 B 类学生组成 B4 班。

与初一第二学期相比较,A 班、B 班走班没有变,主要的变化是对 C 类学生再次分层。这样走班的优势是:基本解决学生分化的问题,提高课堂教学的针对性,尤其是 C 班教学的针对性更强。同时也存在一些不足:(1)原南江中学学生分流,我校班级学生人数增多,A 班管理难度加大;(2)调课、代课、教研有困难,例如:这样走班 8 个数学老师得一起上课,同个备课组的数学老师之间互相听不了课,另外,一旦有数学老师请假,他的班级就没人可以帮忙代课,只能上自习课;(3)学习习惯、行为习惯养成不好的学生扎堆 B 班,使得 B 班比较难管理。

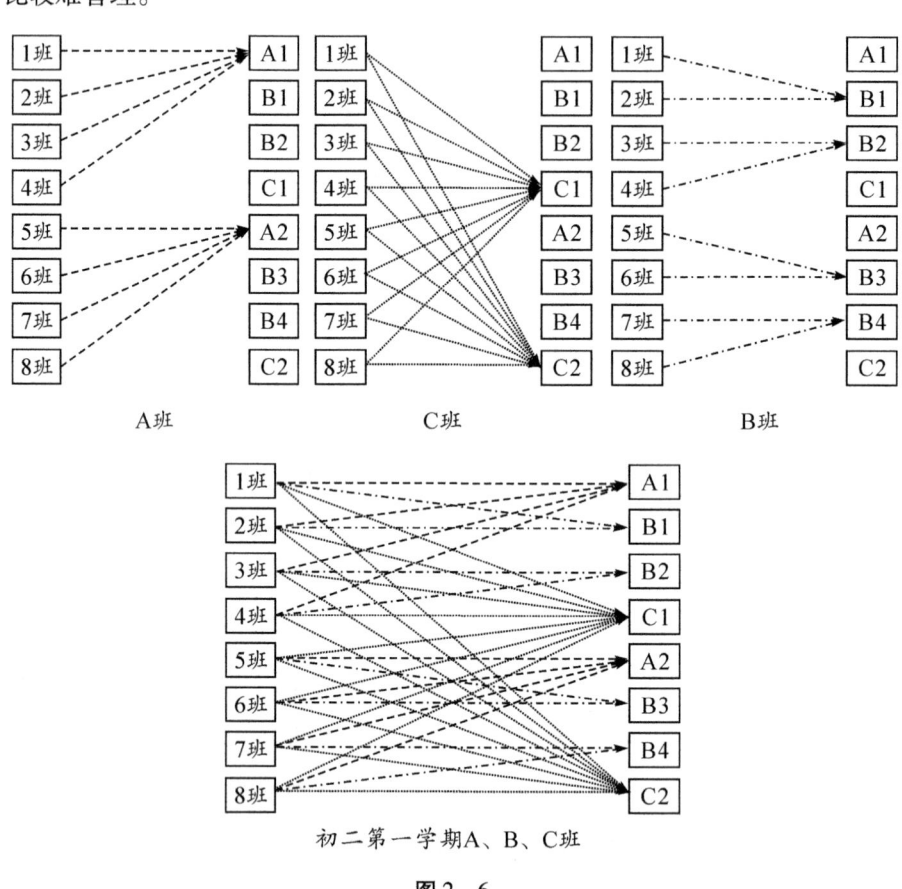

图 2-6

4. 探索四

为了解决 A 班难管理以及 B 班学习习惯、行为习惯养成不好的学生的问题，初二第二学期进一步优化走班形式。首先取消 A 班，只保留 B 班、C 班，然后采取插空式走班。例如 1—8 班中，2 班、5 班问题学生相对比较多，把这两个班 B 类学生安插到各个 B 班，这样就达到了分散 2 班、5 班问题学生的目的。具体操作如下：先分出两个 C 班；1 班 B 类学生在 1 班教室上课，3 班 B 类学生在 3 班教室上课，4 班 B 类学生在 4 班教室上课，把 2 班 B 类学生安插到各个 B 班；5—8 班 B 类学生也是类似这样走班，其中把 5 班的 B 类学生安插

到各个 B 班。这样,只有 C 班的学生以及 2 班、5 班 B 班的学生需要走班,其他不用走。

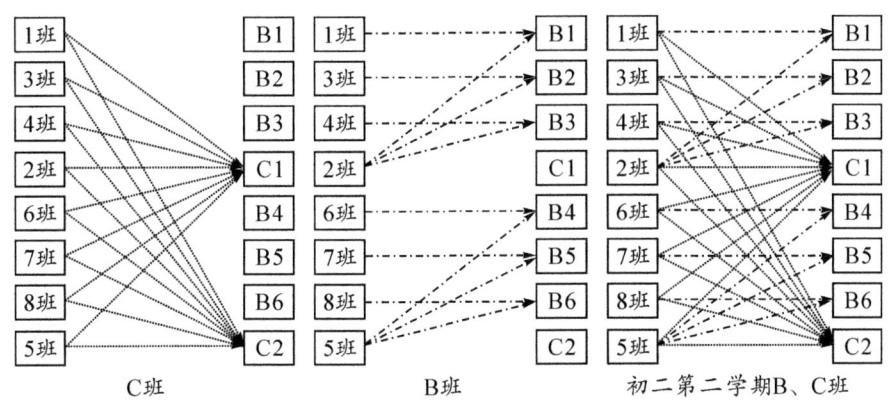

图 2-7

这样走班有利于解决学习习惯、行为习惯养成不好的学生扎堆的问题,对薄弱班级有利。经过一个学期的尝试,2 班、5 班数学、英语、物理三个走班科目取得明显的进步,但是仍然存在调课、代课、教研的困难。

5. 探索五

初三第一学期与初二第二学期的走班基本一致,主要不同在于本学期采取了文、理科走班。每位学生所有文科科目(例如语文、英语、政治、历史)在同一个走班班级上课,所有理科科目(例如数学、物理、化学)在另一个走班班级上课。如此,语文、英语、政治、历史之间就可以互相调课,数学、物理、化学之间就可以互相调课,同备课组的老师也可以互相代课了,解决了听课、评课等教研的问题,课表也更容易编排。

(二)分层走班教学形式下的课程建设

课程是一所学校不断发展的根本动力,实施分层走班教学过程中,我们也着力探索课程的建设,当然这种探索也只是在能力范围内的一种尝试。

1. 实施原则

国家基础课程 + 校本课程(自主研发 + 对外引进)

2. 课程建设目标

国家课程校本化,校本课程多元化。

3. 课程开设

开齐开足基础课程;校本课程已开发 51 门,分为学科素养类、艺术素养类、运动素养类和探究型课程,以弥补基础性课程在培养学生兴趣、拓展知识视野方面的不足,同时补偿解决分层走班教学后带来的基本知识、能力的空白;引进上海育才初级中学校本数学、英语课程与"典范课堂国际班课程",丰富校本课程的种类。

(三)分层走班教学形式下的教研建设

在狠抓常规教研的同时,我校非常注意对教研机制的调整。在过去的几年里,我们根据教研过程中遇到的问题不断探索新的教研机制,大致出现了以下几种情况。

1. 统一教研

2015 学年采取集体备课,统一课件、学案、方法,但教学缺乏针对性,教学效果并不理想。

2. 分层教研

2016 学年实施学科组长负责制、各层专人主备与集体二备制,主备教师的工作量非常大,受主备教师态度、专业素养等制约,影响了效率。同时实施长短课(40+20),以保证分层学科有充足的时间进行个别辅导。

3. 同层教研

2017 学年起实施教师不跨层教学,同层集体备课、个人二次备课、分层作业与测试;相对减轻备课任务量,实现集体研讨,弥补专业缺陷,实施情况较好。

(四)分层走班教学背景下的教师评价

2009 年教育部门推行教师绩效工资改革,把教师总收入的一部分作为奖励性绩效工资来推动教师专业发展,各所学校根据实际出台不同措施。为了在期末考评中获得更多的绩效奖励工资,教师在教学过程中的积极性有所提

高,但其他有利于专业发展的活动却很少有教师参加,如没有改变教师应付集体教研、不愿意参与课题研究、不愿意总结经验撰写论文、对课程改革处于消极状态等现象。

我校是一所公办初级中学,截至2015年9月专任教师教龄与职称情况统计数据如表2-3:

表2-3 我校教师教龄与职称情况统计简表(人数)

教　龄	人　数	未定级	二级教师	一级教师	高级教师
5年以内	24	11	13	—	
6—25年	89	—	26	56	7
25年以上	48	—	4	22	22

学校有在岗教师161人,具备高级职称的教师有29人,占教师总数的18.01%;具有一级职称的有78人,占教师总数的48.45%。一级职称以上的老师占全校总数的66.46%,致使在具体的教师专业发展中存在以下几种现象:第一,大多数教师通过职称评定,进取意识减弱,不愿意承担教科研的重责,缺乏专业再发展的动力,进入职业发展的高原期;第二,教龄在5年以内的教师热情足,但缺乏专业引领,找不到发展的目标与方向;第三,青年教师教学压力大,收入低,付出与收获不对称,导致热情不足等。这些状况影响了我校教师专业发展水平,进而制约了学校的课程改革与学校发展的综合改革。

2015学年第一学期,学校以全体教师89.3%的赞成率通过《凤城中学教师动态职级制》。"大多数人接受的制度才是好制度",我校的教师职级不是教师身份与职务的象征,主要是对教师过去一年工作的鉴定和评价,意在唤醒教师的荣誉感、责任感,试图通过任务驱动来激励教师专业发展。职级目标制定过程中淡化经济激励,通过保护教师的情感,让教师有归属感,从而让他们体验成功的幸福。

1. 职级目标

将教师专业发展职级的目标设定为四个,即潜能教师、胜任教师、优秀教

师、卓越教师,各目标职级绩效奖励也不同,奖金分配比例为0.6∶1∶1.5∶2,主要考查教师职业态度、师德素养、教学实绩、教研常规、专业影响五个维度。每个职级目标对教师的专业要求不同,教师要想达到更高职级,必须付出更多的努力,从而促进教师不断提升专业能力与素养。

2. 各评价维度的具体要求:以胜任教师为例

表2-4 教师职级绩效评价维度(以胜任教师为例)

胜任教师	(1)开设学科特色课程、素养类课程、社会实践,并完成教学任务,初三教师自主选择。主动申请担任班主任、备课组长、学科组长、团委书记、生活部长、级长。未担任德育岗位的教师能完成正常育人工作,如指导清洁、社会实践等管理工作,达到80分以上
	(2)学年学生评价满意度80%以上,师德评价80分以上
	(3)统考科目: 分层教学学科:A层学生考查得分率、低分率、合格率,以上各率发展值都大于-0.3,贡献率大于5%;B层学生考查合格率、优秀率、得分率,以上各率发展值大于-0.3,贡献率大于5%;C层学生考查优秀率、高分率、得分率,以上各率发展值都大于-0.3,退步率小于4%;四项考查指标至少有两项达标,发展值两种计算方式取最高值,化学学科以初三第一次联考成绩为基础成绩。 未分层教学科目:任教班级成绩各率均值,50%以上指标排名街道80%名以前;中途接班老师成绩排名进步5%以上。 非统考科目: 信息技术:积极培训并带领学生参加各类竞赛,辅导学生参加上级教育行政部门组织的竞赛,获街道以上奖。没有竞赛项目,负责指导一个校级社团,并有展示。 美术:一年三大艺术活动——教育文化节、学校体艺节、读书科技节。按照学校及科组安排圆满完成任务。 音乐:一年三大艺术活动——教育文化节、学校体艺节、读书科技节。按照学校及科组安排圆满完成任务。 体育:积极参与学校各项教研活动,服从学校教学工作安排。①国家体质测试

续表

胜任教师	初一学生合格率达70%,初二学生合格率达80%,初三学生合格率达到80%;②学年末体育专项考试(结合中考项目设置考试内容)初一学生合格率达70%、优秀率20%,初二学生合格率达80%、优秀率达30%;③比赛成绩:所执教运动队获得区团体比赛资格或所带运动员入选街道代表队参加区级比赛,所执教运动队获得街道各项比赛团体前70%名或者个人单项前三名。 心理:按要求完成心理咨询室档案资料;完成学校心理网页网站更新;定期组织心理团辅活动(包括初三考前团辅和初一初二各类小型团辅);心理辅导室按时值班 (4)每学期有一套自编的试题、一份(10次)听课评课意见、一节课改研讨课(组内);每学年有一篇论文和与学校课题相关的一个结题小课题 (5)主动研究教材教法、课程标准、考试说明,并在学校组织的考试中成绩合格

从胜任教师职级目标看,我校教师职级制从五个维度引领教师专业发展,不同职级目标对教师的专业要求不同,职级越高要求越高,对教师的专业提升的促进作用越明显。

第一,职业态度。为引导教师主动配合学校课程改革、学校育人工作、中层干部工作而设计,注重调动教师专业发展的主动性。

第二,师德素养。通过师德评价要求引导教师自发提升师德素养。每学年教师要接受学生满意度与家长满意度测评,参与同事评价、主管部门评价等,从而促进师德建设。

第三,教学实绩。主要采取发展性评价对教师的教学实绩进行评价,根据不同学科与考查特点制定相应的标准,评价标准必须体现发展性。通过比较教师任教班级前后两次考试各指标的比值差,即发展值,界定教师近一段时间的教学效果。体育、音乐、美术、信息技术等科目以学科组自己提出的考查方式为依据,但必须体现发展性。

第四,教研常规。要求教师每学期有一套自编的试题、一份(10次)听课评课意见、一节课改研讨课(组内);并在街道、区、省级评比中获奖;必须参与课题研究。

第五,专业影响。包括研究教材教法、课程标准、读书分享、各级别研讨课、各级别课题、教学论文等。不同职级要求在街道、区、市、省等不同级别有相应的成果。

表2-5 2015学年—2017学年实施两个学年后的结果(人数)

	卓越教师	优秀教师	胜任教师	潜能教师
2015学年	0	22	132	5
2016学年	0	26	133	0
2017学年	0	32	123	0

从表2-5数据看,卓越教师数量为0,与我们此前预期基本一致,因为卓越教师的标准比较高,基本上与"省名师"的要求同步。优秀教师数量有所提升,潜能教师数量下降,说明评价体系正引导教师有序发展。这两年的职称评定中我校中学一级教师的指标额很少,所以对教师的要求越来越高,职级评价的方向与此一致。

虽然卓越教师目前为0,但是在校本动态职级制制度的导向下,近三年全校100%教师主持或参与小课题研究,培育立项了4个省级课题、18个区级课题;教师参加省、市、区级比赛80多人次获得奖励;构建了较为成熟的分层走班教学课程体系。

(五)分层走班教学实施后人际关系的建设

在行政班体系下,学生学习、活动的场所相对固定,德育建设相对容易,而分层走班教学实施后学生流动性增大,常规德育管理难度加大,行政班凝聚力下降,个别学生心理问题凸显,作业收发难度加大,教师个别辅导失去主阵地,学校针对这一情况实施"导师制"和"家长学分制度"。这一内容的研究主要是由学校学生发展中心实施,其中关于导师制度的研究在顺德区"十三五"规划课题立项。家长学分制度的研究和实施已在教育部学校规划发展建设中心

立项,负责德育建设的彭芙蓉老师从班级凝聚力建设着手,在这方面做出了很多努力与尝试。凝聚力是班级文化氛围的深层内核,展示着一个班级的生机与活力,是一种吸引力、向心力,更是一个班的灵魂和精神动力。

1. 树立班级培养目标,并不断强化和内化。班级目标是班级奋斗的前进动力和努力方向。入校之初,就以"一班素质,领跑全级"为目标要求全班学生,注重学生素质培养,并在之后的班级管理和活动中要不断践行并且强化这些思想。此外,还定下第三条班训——"关爱女生,从关心身边的女同学开始",规定像倒垃圾、搬书这样费体力的任务由男生自觉完成。经过两年的努力,在老师眼中,这个班的同学是这样的:他们会给跌落的雏鸟喂水、喂食,还写保护倡议书;他们会把废纸旧书垒得整整齐齐,留给清洁阿姨;他们会抢着帮老师搬资料;他们会在开"大食会"的时候给办公室每位老师的桌面放好吃的。在这个班,对于一个男生的最高评价就是"你是暖男",男生们在积极的引导下,向这个目标不断靠拢。

2. 推行走班值日班长负责制和科代表负责制,严抓本班走班教学常规。每个走班班级中,配备一个强有力的值日班长,并且配发专门的纪律登记卡,用于登记上课迟到名单和上课纪律情况,落实到名字,并且每节课下课的时候找科任老师评价并且签字,上交首席导师,由首席导师跟进,及时处理。

科代表是科任老师的"左膀右臂",负责监督同学以及执行老师的要求,也会影响到班级学科成绩。安排做事细致、认真、有魄力的科代表,严查作业。走班作业实行"日日清":作业必须每天检查,检查必须有反馈,反馈必定追查到底。在这个过程中,首席导师也要认真跟进作业完成情况。在时间安排和作业跟踪上,向薄弱学科倾斜,如:要求学生自习课第一时间完成某一科(班级薄弱学科)作业,并且安排科代表检查和反馈。

3. 以活动为载体,借家长之力,聚班级之心。活动是拉近人与人之间距离的直接方式。在活动中,大家可以释放压力,获得快乐,还能有一种"那些年,我们一起走过"的感觉,这就是美好的回忆。班级的建设者需要认真组织各类活动,给学生留下美好的体验,因为这是提升班级凝聚力的有效方式。首席导师应认真组织学生参加学校各类活动,如运动会、文艺汇演、科技节、社会实践活动,也可充分发挥创造力,举行各种特色活动,如开创女生节、男生节、儿童节……丰富学生的在校生活。比如,开学初为学生准备新学期礼物,并且在礼物上印有班训"做最好的自己,做最好的一班",增强学生的班级认同感;确定每年的3月7日为班级女生节,3月9日为男生节,号召同学们为异性准备礼物,并且抽签随机交换礼物;在儿童节,发动家长制作美食,全班吃大餐,玩真心话大冒险、撕名牌等游戏。秉持"有节日认真玩,没有节日,创造机会也要玩"和"要么不做,要做就要做到毕生难忘"的原则,让学生在校多一些快乐美好的回忆。

4. 与科任老师信息互通,形成育人合力。值日班长和科代表可以对学生的学习态度与习惯进行监督,科任老师能从专业角度对学生学业表现进行评价。对于有明显薄弱学科的学生,一方面,鼓励其利用课间以及自习课多向老师请教,并且发放"勤学好问卡"(年级印制),进行监督和激励;另一方面,请科任老师帮忙关注这部分学生,上课多提问,多鼓励,并且给予其学法指导。对于表现特别不好的学生或者是近期成绩退步特别明显的,配合科任老师处理。邀请走班科任老师进入班级微信群,方便老师与学生以及家长交流。

(六)分层走班教学中对心理偏差生与学困生的辅导

无论是C层学生出现学习压力过大,还是B层学生出现自暴自弃,都是耐挫折力差、逆商低的体现。心理学认为,人的感情与认识过程是紧密联系的,任何认知活动都伴随着一定的情感,是在情感的动力影响下进行的。面对学生的心理偏差,首席导师应及时干预,以免影响学生的后续发展,情况特别严重的可以寻求心理老师或者专业咨询师的帮助。

1. 行政班层面

(1)群体辅导。针对学生反映的问题,对学生进行系列主题班会课,如励志系列、挫折教育、意志力教育、理想教育,每个系列选取新鲜的、活泼的、

贴近学生生活的题材,如"超级演说家"刘媛媛《寒门贵子》和《面对不成功的人生》,"条条大路通罗马,可人家就出生在罗马——2017年北京文科状元"。

(2)个体辅导。纪伯伦说:"所说非想,想而不说,爱将流逝。"沟通交流是了解思想、表达感情的有效方式。不定期找学生面谈,尤其是近期状态不好或者同学反映出状况的学生,了解其思想动态,给予引导,帮忙解决,以及跟进后续发展。青春期的孩子不太愿意向父母和老师吐露自己的心声,他们更倾向于选择间接沟通方式,如QQ、微信、写信、写周记等方式。对此,我们可以让周记成为师生无障碍沟通的平台,如规定每周写一次周记,题目不限,让学生畅所欲言,重在反馈班级情况或是自己的学习生活情况,尤其是学生的困惑和困难,老师及时帮忙解决问题,把其中某些有价值的话题拍照,变成下周班会课的素材或是与家长沟通的话题。

2.走班教学方面

(1)引导C层学生树立目标和竞争意识,并在学习方法上给予指导。跟学生一起制定科学合理的个人目标和班级目标,并且对照每次测试进行简单的质量分析,及时表扬和督促。

实验心理学家赤瑞特拉通过实验发现,一个人能记住自己阅读内容的10%,所听到内容的20%,在交流过程中自己所说内容的70%。辅导他人无疑是深化知识理解的最好方式之一。鼓励优生师徒结对,在互帮互助中锻炼自己的思维。引导学生用好错题本:错题本无关字迹,无关格式,只要学生自己用得顺手,且能常用作复习,则是好的错题本;错题本重在收集会做但做错、模棱两可以及完全不会做的三类题,并且在收集的时候按照知识点归类,及时复习,减少因为重复性错误而失分的情况,查漏补缺,巩固所学。

(2)端正B层学生的学习态度,多约束、鼓励。保障教学的顺利开展是任教B层班级的老师所要解决的首要问题。在走班教学第一节课上,让学生清楚老师的底线——凡是浪费的学习时间都要如数补回来。所以,学生因为懒散拖拉造成的后果都要自己承担。之后全班一起讨论制定走班班规，规定违纪行为以及处理办法，全班签字、宣誓：作为积极向上的好少年，我们要坚持按时到班，坚持交作业，坚持上课不睡觉，坚持上课不吃零食，坚持上课不起哄、不插嘴，哪怕是"学渣"，也是有追求、有底线、有素质的、可爱的"小学渣"。

B层中包含除优生之外的所有学生，教师还可以在教学实践活动中进行再分层，即B层和A层（后进生，同下）。降低A层学生的学习难度，重激励，避免其完全放弃自己，扰乱课堂秩序，努力营造全班积极以求达标的学习氛围。

关心学生。学生生病的时候及时问候，学生遇到困难的时候及时帮助，学生开始改变的时候充满期待，学生进步的时候及时表扬并告知家长，学生松懈的时候及时提醒。这样，学生犯错的时候，我们的批评和惩罚才有底气和力量。据称，10%的冲突是由于不同的观点，而90%是因为表达方式、语音和语调。批评学生的时候不要带着怒气，不要带着怨愤，就事论事，讲清道理，虽然不能保证学生会下不为例，但是至少不会留下积怨。管理学生除了要有严明的纪律，也要注意感情的投入。亲其师，信其道，感情才是出奇制胜的法宝。

（3）让学生适度紧张。心理学认为，人在适度紧张的状态下学习效率最佳。上课多采用小组讨论以及问答形式，让学生处于适度紧张之中，关注学生上课状态，重点关注临界生，多给予其课堂展示的机会。重视测试反馈，给每位学生做好跟踪表（与全年级平均分的差额），并且要求学生将试卷和跟踪表带回家让家长签字，引导学生和家长将测试成绩进行纵向比较，重点关注成绩波动较为明显的学生；做好临界生测试成绩分析档案，根据小题得分情况，了解其知识系统的薄弱环节，并且指导其进行针对性训练。

利用学生QQ群和家长微信群发周末作业、考试成绩、作业反馈情况、听课反馈情况，与学生和家长进行交流，对学生和家长的问题进行解答，给予帮助。

(七)分层走班教学过程中家校互助的实施途径

家校合作是教育发展的一种必然趋势,也是世界教育研究的一项主题。为了进一步推进分层走班教学,学校开始尝试"家长学分制"。构建家校互助关系的新途径。

1. 家长与孩子一起入学,领取"家长护照"

根据问卷调查的结果,我们分年级为家长设计了一本"家长护照"。"护照"列有家长获得学分的途径和方法,有各年级序列化课程,例如有家风设计、职业规划、亲子活动、共读一本书、义工活动等内容。

2. 开发序列化家长学校课程

根据问卷调查的结果,我们进行了序列化课程的开发,除了有家长比较关注的培养孩子的生命安全意识、生活行为习惯、情绪调节能力、法制意识、人际交往能力外,还加强了对孩子的认知能力、创新能力、学习能力、生涯规划、使用网络和青春期教育的关注,如表2-6所示。

表2-6 2017学年家长课堂课表

时间	家长讲座培训内容	网上教程	亲子阅读推荐书目	亲子活动
初一上	指导孩子适应中学生活,迈好初中生活第一步	最好的教育是陪伴	流沙《把孩子交给世界》覃卓颖《让孩子走出亚健康》孙云晓、李文道《培养自理好习惯》"五个好习惯"丛书	孩子最让你感动的一件事
初一上	培养好习惯,养成好品质	不纠结过去,不忧心未来		
初一下	了解孩子需求,引导孩子健康成长	中国英才家庭造	尹建莉《好妈妈胜过好老师》刘卫华、张欣武《哈佛女孩刘亦婷:素质培养纪实》	寒假亲子体育运动
初一下	引导孩子学会计划学习	最可怕的事就是聪明的人比你还努力,还认真		

续表

时间	家长讲座培训内容	网上教程	亲子阅读推荐书目	亲子活动
初二上	了解孩子心理成长秘密,破解初中教育难题	如何让孩子形成"良性愤怒"	柯维《杰出青少年的7个习惯》(精英版)	中秋节,家庭团聚日
	赢战初二,预防两极分化	成长,或许就在瞬间的领悟		
初二下	让网络伴随孩子健康成长	8大秘诀应对青春期恋情	曼佳《BBC跟拍了49年:穷人与富人的人生七年》 米哈里·契克森米哈赖《发现心流:日常生活中的最优体验》	春节,我们的节日
	学会与孩子交流,帮助孩子顺利度过青春期	呵护孩子的心理健康		
初三上	了解孩子,缩小代沟,密切亲子间的关系	孩子失败时父母怎样教育	王金战、隋永双《英才是怎样造就的》 新教育学习研究机构《高效学习方法全集(初中版)》	孩子15岁,我们的旅游
	培养诚实守信的孩子			
初三下	培养孩子的坚韧品格,增强孩子的抗压能力	教育从来就不是只靠"孩子自己努力"就能达到	网络文章《白岩松的故事:只要努力,命运总会来敲门》 刘利《情绪心理学:随时用得上的情绪调节法》	考前,我对孩子说的话

3. 多种途径获得学分

如果纯粹参与家长学校的活动就能获得学分,很多家长就会应付了事,家长学校的活动也会变得形式化和单一化。为了避免这种情况出现,获取学分的途径必须多元化,而且要让家长结合自身的家庭环境及家教特点,选取自己感兴趣的途径来获取学分。家长学分的获得有必修课学分、选修课学分以及加分项目。

4. 家长学分制实施带来效果

首先,通过"家长学分制",破解传统家长学校工作成效不突出的难题,让家长自觉参与各种教育培训,主动参与学校开展的各项活动,密切配合学校做好各种家庭教育,从而以调整教育结构为主线,走好内涵式发展道路,同时搭建家校沟通合作的桥梁,成为学校创新教育的新亮点。

其次,根据不同年级家长的需要开发了专题性、针对性、实用性课程和发展超市式的自选学习课程,满足不同年龄、不同群体的个性化需求,使培训更有针对性,逐渐形成家长培训的课程化、序列化、系统化。

再次,由学校开发家长学分的网站,让每一位家长有自己的ID,可以随时通过手机或电脑登录网站学习、与其他家长互动、上传自己的学习心得与图片、参与论坛讨论、查阅自己的学分,搭建真正的家长之间、家长与学校之间的沟通桥梁。借助网络平台,为家长提供丰富专业的家教课程,让家长有针对性地选择学习;搭建沟通交流空间,以教育主题形式进行家长之间的沟通与交流,学习其他家长的成功经验;开展亲子活动,促进家长与孩子亲密融洽的亲子关系;发布信息通知,养成主动关注孩子的良好习惯。

(八)课题研究过程教学效果跟踪

教学效果最优化是教学改革的终极目标,我们采取比值发展值的形式对学生和教师进行个人纵向比较,通过学年末的区统考来比较整体成绩的进步与否。

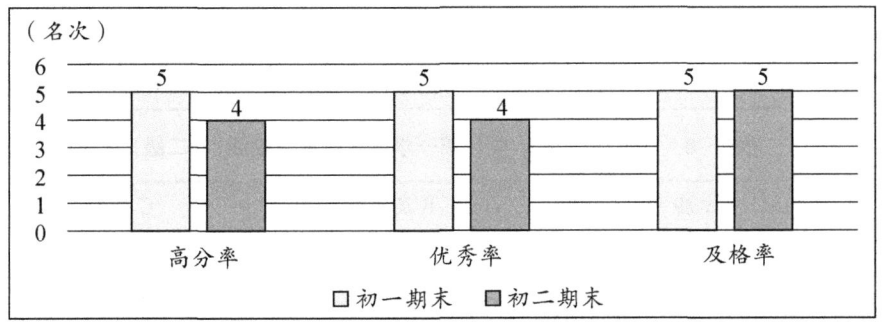

图2-8 高分率、优秀率、及格率排名变化表

综合 2015 学年、2016 学年考试成绩,我们欣喜地发现,走班教学实施后,初一期末到初二第二学期区统考成绩的合格率、优秀率、高分率均有很大提高,差距缩小,甚至超越了个别学校,如图 2-8。

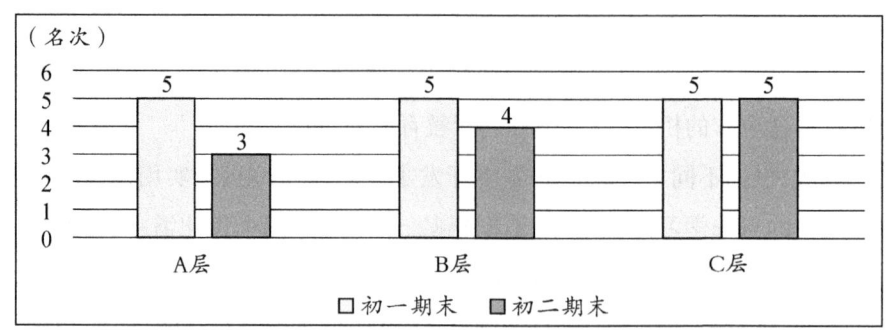

图 2-9 A 层、B 层、C 层学生成绩排名变化表

从图 2-9 呈现的变化说明,分层方案的调整直接提高了学生成绩排名,说明走班教学模式适合目前的校情。

表 2-7 2016 学年第二学期教学质量检测统计表(初二级)

学科	A 层			B 层			C 层		
	人数	比例(%)	排名	人数	比例(%)	排名	人数	比例(%)	排名
语文	88	10.7	5	192	23.3	5	484	58.7	4
数学	126	15.3	4	180	21.8	4	427	51.8	5
英语	98	11.9	2	188	22.8	3	461	55.9	4
思品	91	11.0	4	219	26.5	4	505	61.2	3
历史	141	17.1	3	253	30.7	3	547	66.3	2
物理	132	16.0	3	199	24.1	3	502	60.8	4

表 2-8 大良街道 2016 学年第一学期教学质量检测(初二级)

学科	A 层			B 层			C 层		
	人数	比例(%)	排名	人数	比例(%)	排名	人数	比例(%)	排名
语文	144	17.3	3	222	26.7	5	494	59.4	5
数学	90	10.8	5	148	17.7	5	436	52.5	5

续表

学科	A层 人数	A层 比例(%)	A层 排名	B层 人数	B层 比例(%)	B层 排名	C层 人数	C层 比例(%)	C层 排名
英语	84	10.1	4	153	18.4	5	457	55.0	5
思品	86	10.3	4	180	21.7	4	473	56.9	4
历史	101	12.2	5	206	24.8	4	493	59.3	4
物理	168	20.2	2	231	27.8	2	521	62.7	2

从表2－7和表2－8对比来看，数学学科A、B层都进步1名；英语学科进步幅度最大，三层学生成绩都进步，A层进步2名，B层进步2名，C层进步1名；而数学、英语是走班科目，走班的优势使不同层的学生得到充分的发展，尤其我校C层教学模式日趋完善，这两科的整体成绩都在进步。

图2－10

2018年中考，我校成绩优异，特别是高分段学生增长特别明显。其中，林祥钦同学以总分693分位列顺德区第四名，大良街道第一名，前所未有；周美婧同学总分686分位列顺德区第十四名，大良街道第二名；熊小康同学总分680分位列顺德区34名，大良街道第五名；660分以上特尖学生10人，批量呈现；总分638分以上46人，过顺德一中线；总分628分以上60人，超过李兆基中学分数线；总分超过600分的学生147人，与往年数据相比有大幅度提升。

五、课题研究中的反思和今后设想

（一）如何在走班教学过程中真正实现学生个性化差异发展

目前我校走班教学 C 层与 B 层发展态势良好,而相对薄弱的 A 层进步不是很明显,由此衍生出来完备课程体系建设的问题:我校师资水平与硬件设施尚不能开发足够符合学生需求的课程。如何让不同层的学生既喜欢基础课程又喜欢选修课程,从而真正实现分类分层选课制度,做到选课走班,学生课表不重样,进而实现学生个性发展,需要进一步探索、实践。

（二）如何在客观条件受限的情况下实现不同层学生的等值评价

目前我们实施学分制对学生进行综合评价,而学生的学业水平在学分制中也有所体现,例如语文学科一周六节课,学生在期末考试中达到 60 分,都可以获得 6 个学分。问题是不同层学生发展的目标要求是不同的,而我们的评价标准确是一致的,如何实现等值评价,学生获得相应的学分后接下来又该如何,需要我们进一步思考。

（三）走班的另一个难题就是:每位教师教什么样的班级

是 ABAB,还是 AABB 呢？所谓的 ABAB 就是跨层教学,每位老师既要教 A 班,也要教 B 班;所谓的 AABB 就是不跨层教学,每位老师要么教 2 个 A 班,要么教 2 个 B 班。从评价的公平性来讲,ABAB 比较合适;从教学工作效率来讲采取 AABB 比较合适。我校采取第二种方式,即不跨层教学,并制定职级制的评价方案来解决评价公平性的问题。至于一位教师要教 A 班还是 B 班,我们的建议是:学科专业能力比较强的老师教高层次的班级,班级管理能力比较强的老师教低层次的班级。

教无定法,分层走班教学要结合学校的实际情况和需要进行调整和优化,适合的才是最好的。

（本文完稿于 2018 年 8 月）

育人策略

育人策略是指在特定的时间、地点下,为实现教育目标而采取的一系列计划和措施。从广义的角度看,国家有国家的育人策略,地方有地方的育人策略,学校有学校的育人策略,班级有班级的育人策略。突破教师角色谈育人策略,更能凸显教育的整体性及其方法论意义。在这方面,受个体工作范畴的局限,也许未能触及更大、更广的层面和更核心的内涵所在,但每一位教育工作者都应始终保持积极响应、思考、探索的态度,因为我们责无旁贷。

育人策略

浅谈走班教学背景下的学生管理

凤城实验学校实行学科走班教学已近三年,目前成效初显,其中尤以C层(优生层,下同)的进步最为明显,学生的竞争意识、学习习惯、学业成绩都有较大提升。作为首席导师与历史科任老师,本人全程参与了走班教学的实践与改革,并就过程中出现的学生管理问题进行了不少思考与实践,本文将从首席导师、走班学科科任教师的双重角色浅谈走班教学过程中的学生管理。

一、走班教学过程中凸显的学生管理问题

(一)常规管理难度加大

过去几年,我一直担任首席导师,同时所任教的历史学科又实施走班教学。由于首席导师只能任教小部分学生,且有时候因为有课无法巡视走班课堂情况,所管理的相当部分的学生经常不在老师的视线中,以致很难了解和把握每个学生的学习情况和心理动态。

此外,在走班教学活动中,学生进入新的班级,首席导师威慑力削弱,部分学生不受原来班级的束缚而在走班上课的教室出现违纪情况,如无心学习、上课迟到、讲话、不交作业者增多。在B层中(较低层次班级,下同),学习习惯差以及行为习惯差的学生聚集,抱团违纪破坏力强大,严重影响班风学风及班级稳定。

而走班教学中学生分散在多个班级，给布置作业、收发作业以及课后辅导带来了难题。

（二）班级凝聚力下降

走班教学突破了原有行政班的界限，学生处于离散状态，减少了以班级为单位开展集体活动和进行思想教育的机会。在不同的学科走班课堂中，学生面对不同的同桌，影响了其发展稳定而持久的同伴关系。

在走班教学中，学习小组由来自不同班级的同学构成，同学之间因为彼此不够了解，交流机会有限，往往情谊淡漠。学生觉得走班课堂是临时的，对于走班班级没有归属感，集体观念、团结意识淡薄。学生常有一种感觉——"回不去的行政班，融不进的走班"。

（三）部分学生出现心理偏差

美国心理学家班杜拉在其"自我效能感"理论中指出，自我效能感会影响人们在困难面前的态度，影响新行为的获得和习得行为的表现。走班教学中，同层次的学生竞争激烈，客观上可以激发学生斗志，提高其主观能动性，尤其是优生层。B层的部分学生会出现失去斗志、自暴自弃的现象。而C层的学生竞争激烈，若长期学习压力过大，学生容易出现过度焦虑，心理疲惫，从而影响学生的可持续发展。

那么，在走班教学背景下，如何管理学生，为走班教学保驾护航，从而提高走班教学的效益呢？

二、首席导师对班级建设中出现的新问题的探索实践

（一）行政班班级凝聚力建设

凝聚力是班级文化氛围的深层内核，展示着一个班级的生机与活力，是一种吸引力、向心力，更是一个班的灵魂和精神动力。班级的凝聚力在于人心所向，在于学生喜欢这个班级，这种氛围会让学生觉得在这个班学习是一种幸运，成为这个班的一员是自豪的。

育人策略

1. 树立班级培养目标,并不断强化和内化

班级目标是班级奋斗的前进动力和努力方向。入校之初,就以"一班素质,领跑全级"为目标要求全班学生,注重学生素质和教养的培养,并在之后的班级管理和活动中要不断践行并且强化这些思想。此外,还定下第三条班训——"关爱女生,从关心身边的女同学开始",倒垃圾、搬书这样费体力的任务由男生自觉完成。经过两年的努力,在老师眼中,这个班的同学是这样的:他们会给跌落的雏鸟喂水喂食,还会写倡议书;他们会把废纸旧书垒得整整齐齐,留给清洁阿姨;他们会抢着帮老师搬资料;他们会在开"大食会"的时候给办公室每位老师的桌面放好吃的。在这个班,对于一个男生的最高评价就是"你是暖男",男生们在积极的引导下,向这个目标不断靠拢。

2. 推行走班值日班长负责制和科代表负责制,严抓本班走班教学常规

每个走班班级中,配备一个强有力的值日班长,并且配发专门的纪律登记卡,用于登记上课迟到名单和上课纪律情况,落实到名字,并且每节课下课的时候找科任老师评价并且签字,上交首席导师,由首席导师跟进,及时处理。

科代表是科任老师的"左膀右臂",负责监督同学以及执行老师的要求,也会影响到班级学科成绩。安排做事细致、认真、有魄力的科代表,严查作业。走班作业实行"日日清":作业必须每天检查,检查必须有反馈,反馈必定追查到底。在这个过程中,首席导师也要认真跟进作业完成情况。在时间安排和作业跟踪上,向薄弱学科倾斜,如:要求学生自习课第一时间完成某一科(班级薄弱学科)作业,并且安排科代表检查和反馈。

3. 以活动为载体,借家长之力,聚班级之心

活动是拉近人与人之间距离的直接方式。在活动中,大家可以释放压力,获得快乐,还能有一种"那些年,我们一起走过"的感觉,这就是美好的回忆。班级的建设者需要认真组织各类活动,给学生留下美好的体验,因为这是提升班级凝聚力的有效方式。首席导师应认真组织学生参加学校各类活动,如运动会、文艺汇演、科技节、社会实践活动,也可充分发挥创造力,举行各种特色

115

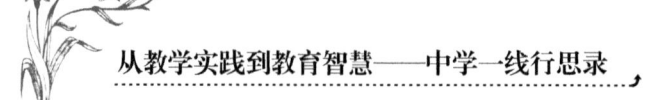

活动,如开创女生节、男生节、儿童节……丰富学生的在校生活。比如,开学初为学生准备新学期礼物,并且在礼物上印有班训"做最好的自己,做最好的一班",增强学生的班级认同感;确定每年的3月7日为班级女生节,3月9日为男生节,号召同学们为异性准备礼物,并且抽签随机交换礼物;在儿童节,发动家长制作美食,全班吃大餐,玩真心话大冒险、撕名牌等游戏。秉持"有节日认真玩,没有节日,创造机会也要玩"和"要么不做,要做就要做到毕生难忘"的原则,让学生在校多一些快乐美好的回忆。

(二)与走班教学学科科任老师的沟通

值日班长和科代表可以对学生学习态度与习惯进行监督,科任老师能从专业角度对学生学业表现进行评价。对于有明显薄弱学科的学生,一方面鼓励其利用课间以及自习课多向老师请教,并且发放"勤学好问卡"(年级印制),进行监督和激励;另一方面请科任老师帮忙关注这部分学生,上课多提问,多鼓励,并且给予其学法指导。对于表现特别不好的或者是近期成绩退步特别明显的学生,配合科任老师处理。邀请走班科任老师进入班级微信群,方便老师与学生以及家长交流。

(三)心理偏差学生的辅导

无论是C层学生出现学习压力过大,还是B层学生出现自暴自弃,都是耐挫折力差、逆商低的体现。心理学认为,人的感情与认识过程是紧密联系的,任何认知活动都伴随着一定的情感,是在情感的动力影响下进行的。面对学生的心理偏差,首席导师应及时干预,以免影响学生的后续发展,情况特别严重的可以寻求心理老师或者专业咨询师的帮助。

1. 群体辅导

针对学生反映的问题,对学生进行系列主题班会课,如励志系列、挫折教育、意志力教育、理想教育,每个系列选取新鲜的、活泼的、贴近学生生活的题材,如:"超级演说家"刘媛媛《寒门贵子》和《面对不成功的人生》,"条条大路通罗马,可人家就出生在罗马——2017年北京文科状元"。

2. 个体辅导

纪伯伦说:"所说非想,想而不说,爱将流逝。"沟通交流是了解思想、表达感情的有效方式。不定期找学生面谈,尤其是近期状态不好或者同学反映出状况的学生,了解其思想动态,给予引导,帮忙解决,以及跟进后续发展。青春期的孩子不太愿意向父母和老师吐露自己的心声,他们更倾向于选择间接沟通方式,如 QQ、微信、写信、写周记等方式。对此,我们可以让周记成为师生无障碍沟通的平台,如规定每周写一次周记,题目不限,让学生畅所欲言,重在反馈班级情况或是自己的学习生活情况,尤其是学生的困惑和困难,老师及时帮忙解决问题,把其中某些有价值的话题拍照,变成下周班会课的素材或是与家长沟通的话题。

三、走班学科科任老师对教学管理中出现的新问题的思考与实践

在走班教学过程中,作为历史老师的我,既要任教 C 层班,又要任教 B 层班。这样安排的目的是让老师们了解全级不同层次学生的学习情况,使教学更好地从学生的实际出发,加强老师之间的交流。身兼两个不同层次教学任务的我,在实践过程中如何有效开展教学管理呢?

(一)注重学习习惯的培养

叶圣陶先生曾说:"什么是教育?教育就是培养良好的习惯。"这句话用最朴素的语言,揭示了培养学生良好习惯的重要性。

1.利用小组合作,增加学生的交流机会,提高课堂参与的积极性

走班教学中,科任老师面对来自 8 个行政班的学生,同一个走班教学班的内部学生水平也有所差别,因此组建学习小组,让小组成员互帮互助;实行小组捆绑评价,并且有相应的奖惩机制,激发小组之间的竞争意识,提高其参与课堂小组活动的积极性;在编排小组时,坚持"组内异质,组间同质"的原则,并确保每个组的成员来自不同的行政班。这样学习小组的组建也增加了不同行政班级学生交流的机会,从而促进学生互相了解,培养感情。

2. 引导C层学生树立目标和竞争意识，并在学习方法上给予指导

跟学生一起制定科学合理的个人目标和班级目标，并且对照每次测试进行简单的质量分析，及时表扬和督促。

实验心理学家赤瑞特拉通过实验发现，一个人能记住自己阅读内容的10%，所听到内容的20%，在交流过程中自己所说内容的70%。辅导他人无疑是深化知识理解的最好方式之一。鼓励优生师徒结对，在互帮互助中，锻炼自己的思维。

引导学生用好错题本：错题本无关字迹，无关格式，只要学生自己用得顺手，且能常用作复习，则是好的错题本；错题本重在收集会做但做错、模棱两可以及完全不会做的三类题，并且在收集的时候按照知识点归类，及时复习，减少因为重复性错误而失分的情况，查漏补缺，巩固所学。

3. 端正B层学生的学习态度，多约束、鼓励

保障教学的顺利开展是任教B层班级的老师所要解决的首要问题。在走班教学第一节课上，让学生清楚老师的底线——凡是浪费的学习时间都要如数补回来。所以，学生因为懒散拖拉造成的后果都要自己承担。之后全班一起讨论制定走班班规，规定违纪行为以及处理办法，全班签字、宣誓：作为积极向上的好少年，我们要坚持按时到班，坚持交作业，坚持上课不睡觉，坚持上课不吃零食，坚持上课不起哄、不插嘴，哪怕是"学渣"，也是有追求、有底线、有素质的、可爱的小"学渣"。

B层中包含除优生之外的所有学生，教师还可以在教学实践活动中进行再分层，即B层和A层（后进生，同下）。降低A层学生的学习难度，重激励，避免其完全放弃自己，扰乱课堂秩序，努力营造全班积极以求达标的学习氛围。

关心学生。学生生病的时候教师及时问候，学生遇到困难的时候及时提供帮助，学生开始改变的时候对其充满期待，学生进步的时候及时予以表扬并告知家长，学生松懈的时候及时提醒。这样，学生犯错的时候，我们的批评和

惩罚才有底气和力量。据称,10%的冲突是由于不同的观点,而90%是因为表达方式、语音和语调。批评学生的时候不要带着怒气,不要带着怨愤,就事论事,讲清道理,虽然不能保证学生会下不为例,但是至少不会留下积怨。管理学生除了要有严明的纪律,也要注意感情的投入。亲其师,信其道,感情才是出奇制胜的法宝。

(二)抓严课后辅导,巩固课堂效果

对于生源不太好的我校而言,想要提高成绩,仅靠课堂教学是不够的,课后辅导任重而道远。级组采取临界生统一辅导与老师个别辅导相结合的方式,取得了一定成效。

然而,B层部分尤其是成绩滞后的学生学习积极性低,不配合课后辅导。秉着"不放弃任何一位学生"的原则,如何把他们"抓"回来是一个问题。由于我校绝大部分学生住校,所以教师接手新班的时候,列表格将学生行政班号、宿舍号以及家长联系方式一一登记,倘若出现课后辅导学生缺席的情况,教师除了把名单上报年级,还会直接去宿舍把他找回来,并且请家长回来配合教育。

除了从制度上保障辅导的出勤率之外,如何提高学生参与辅导的积极性并提高效率更为重要。首先,做好学生的思想动员,鼓励其自觉报名;其次,针对学生的不同薄弱知识块,分批次进行辅导;最后,在辅导过程中大力表扬态度积极以及进步的同学,发挥榜样作用,并且使用一些奖励措施,如:发小奖状、糖果,在课堂上以及家长微信群公开表扬等。

(三)跟踪学习情况

心理学认为,人在适度紧张的状态下学习效率最佳。上课多采用小组讨论以及问答形式,让学生处于适度紧张之中,关注学生上课状态,重点关注临界生,多给予其课堂展示的机会。

重视测试反馈,给每位学生做好跟踪表(与全年级平均分的差额),并且要求学生将试卷和跟踪表带回家让家长签字,引导学生和家长将测试成绩进行

纵向比较，重点关注成绩波动较为明显的学生；做好临界生测试成绩分析档案，根据小题得分情况，了解其知识系统的薄弱环节，并且指导其进行针对性训练。

利用学生QQ群和家长微信群传达周末作业、考试成绩、作业反馈情况、听课反馈情况，与学生和家长进行交流，对学生和家长的问题进行解答，给予帮助。

走班教学突破了原有行政班的界限，给班级管理带来了新的挑战。德育教育是教学质量的保障，学生管理关系到全级大局的稳定，而班级建设又是一个长期的系统的过程，必须多方面努力，并且集中力量击破难题，才可以为走班教学的顺利开展保驾护航。

（本文完稿于2018年4月）

育人策略

新高考视域下初中拔尖创新人才培养的探索与思考

——在顺德区一中外国语学校教学质量分享会上的发言

尊敬的各位专家、各位同行：

大家早上好！

欢迎大家来到美丽的顺德，来到古朴、典雅、热情的顺德区第一中学外国语学校。

今天和大家交流的话题是关于初级中学开展拔尖创新人才培养工作的实践和思考。之所以说这个话题，是因为它和目前我们面临的工作任务、工作内容和工作方向是有密切关系的，我主要从缘起、困惑、探索、思考四个方面和大家交流分享，不当之处，请大家批评指正。

一、缘起

（一）政策导向

2014年国务院颁发《关于深化考试招生制度改革的实施意见》，以扩大学生学习自主权、扩大高校招生自主权为目标，设计了以不分文理科、基于统一高考和高中学业水平考试成绩并参考综合素质评价、专业加院校为录取单位、减少和规范考试加分等内容为主题的高考改革方案。这次改革是1977年恢复高考制度以来最为重大的一次改革，是我国基础教育从以知识为培养目标的传统教育模式,向以能力与创造性为培养目标的现代教育模式转型的标志。

2018年,教育部等六部门颁布的《关于实施基础学科拔尖学生培养计划2.0的意见》,认为基础学科是国家创新发展的源泉、先导和后盾。培养基础学科拔尖人才是高等教育强国建设的重大战略任务。

(二)使命担当

陆续有研究者指出,"拔尖创新人才培养应始于基础教育",认为从教育科学看,拔尖创新人才所必备的许多重要素质是在基础教育时期培养和发展起来的,但这一点长期以来并未受到应有的重视。因此,在初高中阶段,我们就应该积极探索拔尖创新人才培养的机制和模式,发现、孕育并系统地培养人才,建构符合人才成长规律并与高等教育接轨的完整教育链。

(三)现实需要

2017年佛山市教育局提出要制定《佛山市普通高中优质化特色化多样化发展实施意见》,实施拔尖创新人才培养计划,支持有条件的高中与高校有效衔接融通,合作开展拔尖创新人才培养,与初中开展学段课程衔接实验试点。

顺德区第一中学实施集团化办学,我校作为核心成员校,承担为顺德一中高中部输送优质生源的重任,拔尖创新人才的培养任务就越来越清晰,但在具体实施过程中我们也发现面临很大的困难和挑战。

二、困惑

由于历史和现实原因,我们在开展这项工作的时候发现存在诸多困惑,如:缺乏拔尖创新人才培养的范式、拔尖人才培养的师资不足、优质生源稀缺、责任和担当意识不强、团队的自信心不强等。同时,对拔尖创新人才的认识存在一定的误区:认为拔尖创新人才是天生的,可遇不可求;认为拔尖创新人才很聪明,根本用不着老师去培养,或者说,老师的介入起不了多大作用;认为老师的培养会影响拔尖学生的健康成长等。

三、探索

北京师范大学心理学部刘嘉老师认为,拔尖创新人才必须具备三个方面的要素:一是要有科学技术能力,主要包括数理能力、言语能力、计算能力;二是要有发明创造思维,包括设计思维、批判性思维、创造性思维;三是要有良好心理素质,主要包括人格、情商和社会交往等多个部分。

美国著名心理学家麦克利兰提出的素质冰山模型认为,冰山以上部分为基本知识、基本技能,是外在的表现,是容易通过培训来改变和发展;冰山以下部分,包括社会角色、自我形象、特质和动机,是人内在的、难以测量的,是不容易通过外界的影响而得到改变的,却对人的行为和表现起关键性作用。

可见,拔尖创新人才培养的内涵十分丰富,过程非常复杂,并不是简单的文化课学习就能培养的,也不是简单的考试成绩就可以呈现的。那么,初中阶段如何真正让这项工作落地呢?

(一)培养方向

基于以上现实原因和理论依据,在原有工作的基础上,我们对拔尖创新人才的培养作了系统的思考、讨论,认为拔尖创新人才的培养在基础教育阶段更应该重视植兴趣、厚基础、广素养,并逐步在教育教学活动中落实。

(二)培养策略

一是长远规划,大处着眼,小处着手。七年级重基础,重五育并举,实现综合素养的提升和综合素质的全面发展;八年级以培养兴趣为前提,重学科的均衡发展,凸显优势;九年级针对中考精耕细作,决胜千里。学校层面制订可行性强的策略,从文化熏陶、目标引领、人格培育、课程优化、课堂重构等方面逐步调整和推进。年级组层面选择可行性强的路径和具体操作方案,例如分类分层培养,选修课、活动课的落实,人文情怀、优秀品格的持续养成。教师层面明晰责任,突破培养的技术和具体的方法。学生层面从自我成长和兴趣培养着手,渗透五好学生理念。

(三)文化熏陶:一中精神,薪火相传

我校所在地是顺德一中的旧址,作为一所百年老校,这里有一代代优秀的顺德人的成长记忆、深邃的学校情感、深厚的师生情谊。勇于开拓的顺德人一直以这里为支点，撬动着整个顺德的发展，见证了顺德的百年沧桑。学校发展虽几经波折，但影响力不曾衰减，并凝聚成"一中人精神"。我们在公众号持续推出"一中人，一中事"推文，向社会各界宣传优秀的一中人，来感染、熏陶那些已经步入和即将踏入这所校园的学子，激励他们向优秀靠拢。

（四）人格培育：构建卓越德育课程体系

以《中小学德育工作指南》为指引，我校在传承中创新，坚持"为学生一生卓越发展奠基"的育人理念，落实立德树人根本任务，把培养具有"崇德明礼、自强感恩、家国情怀、国际视野"的拔尖创新人才作为育人目标，开展特色德育工作，充分挖掘德育资源，拓宽德育途径，开展丰富多彩的体验活动，五育并举，培养卓越青少年，建设"卓越德育"。以"学会做人，学会求知，学会办事，学会健身"校训作为主线，以培养新时代青少年卓越发展品质为目标，通过塑造卓越校园文化，实施卓越德育课程，开展卓越活动体验、星级少年评选，建设卓越德育团队，协同育人，构建"卓越德育"育人体系，为拔尖创新人才的培育和发展厚重人格品质提供保障。

（五）课堂重构：聚焦思维·深度学习

为推进教学改革，我校推出"RDE双主线"混合式教学模式（图3-1），即Read/Review（阅）—Deliberate（思）-Express（表）-Evaluate（评）-Enlighten（悟），主张"让教于学，学为中心，教师主导，学生主体"，要求课堂立足全面发展学生核心素养，大幅提升教育教学质量，做到学科培养目标要"基于价值引领"，教学活动设计要"基于学情诊断"，教学模式构建要"基于问题驱动"，师生交流互动要"灵活多维深度"，学科问题设计要"与生活实际相结合"，课堂教学评价要"即时科学个性"，突出培养学生阅读、思考和表达三个核心能力，聚焦核心素养，打造深度高效课堂。

课堂教学必须落实质疑、展示、评价三个核心环节，培养学生的批判性思维、创造性思维，提升学生合作学习能力、人际交往能力，培养学生的自信心、钻研兴趣和探究能力，通过自评、师评、互评考量目标的达成情况和学习的效率。

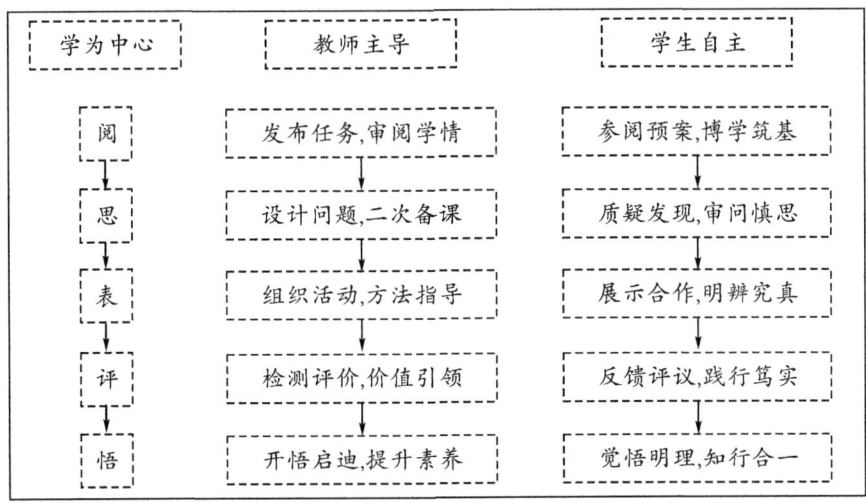

图 3-1 基于"互联·深度"理念的"RDE 双主线"教学模式

(六)素养培育:"一体两翼三层次"课程体系

"一体两翼三层次"卓越课程,简称"NEC"卓越课程,即以国家基础性课程为主体("一体"),以拓展课程、综合课程为辅助("两翼"),面向个体、面向分层、面向全体("三层次")的学校课程结构。

课程设置以"为学生一生发展奠基"为宗旨,优化基础课、丰富选修课、突出特色课,以培养外语见长、全面发展、具有本土情怀和国际视野的"四会"卓越青少年为目标,通过丰富课程设置,厚植学生学习兴趣,夯实学生学习基础,提升学生基本素养,为学生一生发展奠基。

如表 3-1 所示,课程开设方面,一是开足、开齐国家基础课程,并在过程管理中尽可能呈现课程的学科属性;二是开设综合课程,以走班选修为主,我校共开设 58 门选修课程,覆盖人文社科类、文娱体育类、艺术鉴赏类、小语种类,其中小语种开设日语、德语、法语、俄语、韩语、意大利语 6 门课程,符合我校外国语特色办学的追求,多元的课程真正实现了学科选修的丰富性,充分满足不同学生的兴趣追求和素养养成;三是利用杰出校友和家长资源为学生开设"一中讲坛",为学生讲人工智能、创业历程、知法守法等,开阔学生视野;四是利用顺德一中高中部的优质资源,在七年级、八年级实施 2.5+3.5 的初高中衔接课程,邀请高中部专业教师到校为学生上课,适当加快教学进度,拓展初高中衔接知识的宽度和深度,提升学生的学科素养。

表 3-1 佛山市顺德区凤城实验学校课程体系

基础课程	人文课程	语文、外语、政治、历史
	科学课程	数学、物理、化学、生物、地理、信息技术
	体艺健康课程	体育、音乐、美术、心理、劳动与技术
拓展课程	初高中衔接课程	数学拓展课程、英语特色课程、物理素养课程、化学素养课程、语文阅读课程、初高贯通课程
综合课程（选修走班）	人文社科类	抗日战争史、时事热点开讲、魅力中国、热点时事追踪开讲、小人物大世界（名著影视欣赏）、中国考古探秘
	文娱体育类	曼巴篮球、旋风足球、中国象棋、心灵俱乐部、羽乐同行
	艺术鉴赏类	电影赏析、毛笔书法、围棋入门 管乐团:单簧管/萨克斯/小号/长笛 礼乐弦歌、主持人、拉丁舞、版画、素描
	语言类	韩语、法语、德语、意大利语、日语、俄语、经典双语诵读、i-movie
	自然科学类	趣味生物实验与课外知识拓展、趣味物理、趣味化学、物理素养
	数学与科技	3D 打印技术、无人机、创意编程、机器人、创客总动员

四、思考

在具体实施的过程中,我们虽取得了一些进步、一些成绩,但仍然有不少困惑:一是在生源结构变化的情况下拔尖创新人才的策略如何一以贯之;二是教学质量与素养培养如何达到协同发展;三是研究性学习开展的思路需要进一步思考和探索。

（本文完稿于 2021 年 3 月）

育人策略

顺势而为勤钻研　厚积薄发逐梦想

——在顺峰中学2022学年开学典礼上的发言

老师们、同学们：

早上好！

今天，我们齐聚一堂，迎接新学年、新学期、新老师、新同学。首先，让我们以热烈的掌声欢迎新加入顺峰大家庭的老师和同学们。过去的一年，党和政府全面推进义务教育阶段"双减"政策的落地与实践，顺德区委、区政府提出了"四好教育"的宏伟目标，为学校的发展带来了无限的活力与动力。今年我们将迎来党的二十大的召开，站在新的历史起点，学校将迎来新的奋斗使命、新的教育征程。

2021学年全体师生克服疫情、师资紧缺等困难，迎难而上，顺利地完成了教育教学工作，并取得了优异的成绩。我校毕业生于濠铭同学在2022年高考中取得了690分的优异成绩，位列广东省物理类考生第31名、佛山市第2名，被北京大学录取；初三年级中考成绩690分以上的我校有9人，上顺德一中指标生分数线以上67人，创建校以来的历史新高，在社会上引起了极大的反响；新初三年级各项数据全线飘红，特别是张清雅同学统考总分546分，高居全区榜首，全区前50名我校有6人，全年级各项数据进步明显，绝大多数数据在街道居于前列，我们有理由相信在今年的备考中，新的初三年级定不负使命，将会再次刷新学校中考纪录！

新学年,学校将加快改革发展的步伐,坚定不移地落实党的教育方针,全面践行素质教育,以品牌建设为契机推进学校内涵发展,以教研教改为抓手促进学校教学质量稳步提升。全体师生要坚定信仰,敢于担当,不断创新,把我校教育教学事业推向一个新的高峰。

同学们,今天是开学第一课,在此,我有几点建议送给新同学,希望对你们未来的学习生活有所帮助。

一、希望同学们做一个厚植家国情怀的人

思想家孟子说:"天下之本在国,国之本在家,家之本在身。"家是最小的国,国是最大的家,家是国的基础,国是家的延伸。每一个顺峰学子,不仅要致力于学业成绩的提高,还要加强人格的修炼,厚植家国情怀,树立正确的世界观、人生观、价值观;认真学习党的发展历史,做到学史明理、学史增信、学史崇德、学史力行,把自己培养成为德智体美劳全面发展的社会主义建设者和接班人,为未来齐家、治国、平天下打下扎实的基础。

二、希望同学们做一个志存高远且奋斗当下的人

宋代思想家张载曾说:"人若志趣不远,心不在焉,虽学无成。"我们所处的时代崇尚创新,充满机遇。这个时代是一个筑梦追梦的时代,也是一个人人都有可能出彩的时代。

要拥有精彩的人生,首先就要志存高远。高远的志向就是一粒种子,它能生根发芽;高远的志向就是一束亮光,它能照亮我们前行。习近平总书记曾说:"青年有着大好机遇,关键是要迈稳步子、夯实根基、久久为功。"作为中学生的你们,必须用理想激励自己,以明确的目标要求自己,努力学习,让青春在知识的海洋里飞扬。积跬步至千里,积小流成江海。用质疑、审视、探究的态度对待学习,主动地向外探索,开放性地接收信息,打开学习的视野;在实践中拓展知识的广度,在分享交流中拓宽人生的宽度。希望同学们在顺峰中学成

为最好的自己,明天的你一定会感谢今天努力奋斗的你!

三、希望同学们做一个崇礼尚德的人

"国尚礼则国昌,家尚礼则家大,身有礼则身修,心有礼则心泰"。顺峰中学是一所文明有礼的学校,崇礼尚德就是要尊师爱校。你未来的发展取决于当下的行动,人生的高度取决于良好习惯的养成,高尚的形象是你一生的财富。学校非常重视文明礼仪教育,懂文明、知礼仪、提升公民素质是立德树人的具体体现。希望同学们自重、自爱、自律,时刻雕琢自己,提升自己的素养,诚于心而行于外,在校当好学生,在家当好孩子,在社会上做一个好公民。

老师们、同学们,凝心创建标杆品牌初中,聚力顺德教育高质发展。新的学年,我们要志存高远、崇礼尚德、厚植家国情怀,认清教育发展的新形势,与时俱进,开拓创新,提升学校的治理水平,提高教育教学质量。我们相信,只要我们与努力同行,希望就会与我们同在!行稳致远,顺势前行,争做标杆品牌学校创建的推动者、建设者和创造者!

谢谢!

(本文完稿于2022年9月)

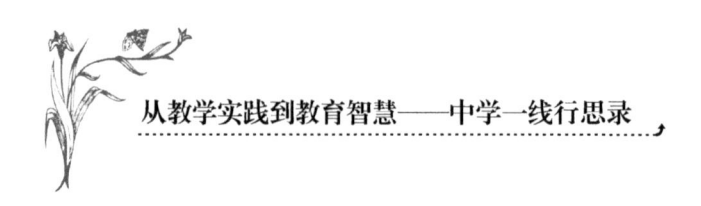

建设基于学生发展核心素养的课程体系

——以顺峰中学"和美人"课程体系建设为例

按照教育学对课程的表述,课程是指为了实现学校的培养目标而规定的所有科目(即教学科目)的总和或指学生在教师指导下各种活动的总和,不仅包括各门学科,还涉及课外活动、家庭作业、社会实践等;不仅规定了各门学科的目的、内容和要求,也规定了学科设置的顺序和课时分配,以及学年编制和学周的安排。广义视角下,课程被视为学生在教育环境中通过与各种因素的交互作用所获得的全部经验,包括显性课程和隐性课程。显性课程指明确陈述的、外显的、正式的教学和教育内容;隐性课程指那些潜隐的、非正式的、对学生发生潜移默化影响的教学内容。

课程建设是学校教学基本建设的重要内容,立足于每一位学生的发展,当以培养学生健全的个性和完整的人格为核心。基础教育课程力图以培养"整体的人"为目标,构筑具有生活意义的课程内容,创建富有特色的学校文化。学校课程建设应遵循两大原则:一是国家课程校本化;二是校本课程特色化。

国家课程校本化是指学校在遵循国家教育行政部门规定的课程标准和原则性要求的基础上,根据学校的具体条件、学生的需求以及地方或学校的

实际情况,对国家统一课程进行创造性的改编和再开发的过程。这个过程包括但不限于教材的校本化处理、课程整合、教学方法的综合运用以及学生评价的个性化调整。通过这种方式,国家课程能够更好地适应学校特色和学生发展的需求,实现课程实施的地域化和个性化。

校本课程特色化是指从校园文化入手,不断拓宽学校的文化资源,推动学校特色课程的建设,把特色课程作为实施素质教育的有效载体,从而提升学校的教育素养。

一、"和美人"课程文化建设背景

顺峰中学是一所政府着力打造并按一流的环境、一流的设施和"高起点、高标准、高规格"目标办学的初级中学。建校十多年,学校整体办学水平稳步提高,教学质量在大良街道同类学校中名列前茅,已获得省、市、区各级多项荣誉,其快速崛起依靠的是"文化立校"的办校理念。以文化立校,构筑深厚教育根基,是学校持续发展、达之久远的根本保障。"和美"文化功能的发挥,"和美人"育人理想的实现,要以学校的课程为载体,要由学校开设的课程来实施。基于此,学校提出了"和美人"课程建设的校本研究。

二、"和美人"课程培养目标

"践行和美教育,成就和美人生",学校努力创建"心和行美"的内生型育人模式,旨在培养具有顺峰中学特色文化理念的"和美之人"。该模式分为四个目标素养:身心健康、友善互助、责任关怀、实践创新,综合表现为"悦纳自我、强体尚美、沟通交流、团结合作、人文精神、国际理解、劳动参与、问题解决"八大主要方面。

图 3-2 "和美人"课程培养目标

三、"和美人"目标素养的基本内涵

(一)身心健康

初中阶段是青少年身心发展的重要时期。健康的身心状态,有助于青少年培育伴随一生的良好性格品质,开发智力潜能,增强心理适应能力,维护心理健康和身体健康,养成良好行为习惯。

1. 悦纳自我。主要是指学生在与自我相处方面的综合表现,包括具备良好的自我意识和自我管理能力、懂得自我尊重。

2. 强体尚美。主要是指学生具有保持身体健康的意识,具备阳光健康的体魄、良好的审美意识,掌握审美的基本知识技能和方法。

(二)友善互助

友善互助是中华民族的传统美德,是社会主义核心价值观的基本内容之一。自古以来,中华民族就提倡友善互助,既强调"仁者爱人""与人为善""以友辅仁"的友善精神,又倡导"出入相友、守望相助"的互助主张。这种尊重人、理解人、关心人、爱护人、帮助人的思想,是中华民族传统美德中最具普遍性的道德思想。可以说,友善互助自古就是中华民族的传统理念,也是我们今

天应该继承和弘扬的基本道德价值准则之一。

1. 沟通交流。主要指学生能够具备与他人良好沟通的意识与态度,掌握基本的沟通技能和方法,理解并接受彼此间观点的差异。

2. 团结合作。主要指学生与他人建立良好的合作关系,听取他人意见,正确处理他人意见与自身立场的关系,明确团队任务与目标,共同解决一系列的问题。

(三)责任关怀

培养中学生的责任与关怀,即是教会学生"学会做人",指导学生从个人走向社会。社会参与呼唤责任关怀,重在强调能处理好自我与社会的关系,养成全球化浪潮下的现代公民必须遵守和履行的道德准则和行为规范,培养学生成为具有人文精神、国际理解的人。

1. 人文精神。主要是学生在学习、理解、运用人文领域知识和技能等方面所形成的基本能力、情感态度和价值取向。

2. 国际理解。主要是学生在对本民族主体文化认同的基础上,认识与国际方面有关问题所形成的情感态度、价值取向和行为方式。

(四)实践创新

主要是学生在尊重客观规律的基础上,充分发挥主观能动性,结合新的实践方式和规范变革客体、创造新质的客观事物,从而满足主体需要的物质实践活动。实践创新是社会进步的重要动力,是个人成长成才的必由之路。培养实践创新能力,要结合学生的日常活动,在活动中增强学生的劳动意识和问题解决能力。

1. 劳动参与。主要是学生树立正确的劳动意识,体验劳动价值并享受劳动快乐的一种行为倾向。

2. 问题解决。主要是指学生在一定的情境下,发现问题、分析和解决问题过程中所具有的思想态度、价值取向、行为方法。

四、"和美人"课程体系建设

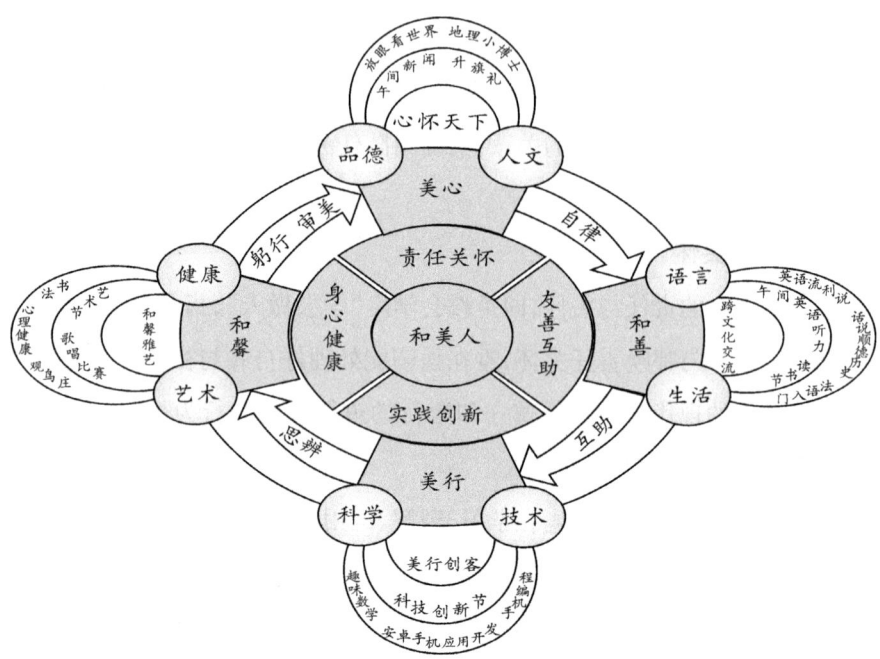

图3-3 "和美人"课程体系建设

表3-2 核心素养校本化表达

国家层面核心素养	和美人的核心素养		和美人八大标准
健康生活	身心健康	学会学习	悦纳自我
			强体尚美
责任担当	友善互动		沟通交流
			团结合作
	责任关怀		国际理解
人文底蕴			人文精神
实践创新	实践创新		劳动参与
科学精神			问题解决

五、"和美人"课程的多元评价

（一）**过程性评价**——对教师强调"多元评价"，以学校、教师、学生、家长评价为主，注重教师的教学能力、科研能力、课程意识与观念的转变。对学生注重综合评价，从学习品质、学习态度及人生观、价值观等方面，让学生学会学习、学会合作。

（二）**终结性评价**——教育教学质量始终是学校的生命线。有效的课程评价是确保学校教育教学质量、促进教师专业发展的重要举措。因此，终结性评价既是手段，也是必需的选择。

（三）**多元性评价**——在评价内容上，既重视学生的学习成绩，也重视学生的思想品德以及多方面潜能的个性发展；既重视教师的专业水平提高，也重视教师的职业道德修养；既重视学校整体教学质量，也重视学校的课程管理、在教学实施等管理环节中落实素质教育思想，形成生动、活泼、开放的教育氛围；既注意对学生、教师的统一要求，也关注学生、教师个体差异以及对发展的不同需求，为学生、教师有个性、有特色的发展提供空间。

六、"和美人"课程的实施与成效

从校园文化的系统建设，到制度文化的开拓创新，再到文化科研的整体深入，顺峰中学的文化优势已经突破显性和热闹的表层，进入内在涵养的核心。涵养蓄力，必然向课程的整体开发舒张。

近年，顺峰中学大力推进基于核心素养的"和美人"课程的系统开发和建设，围绕"和美人"的培养目标，逐渐形成了和馨、和善、美心、美行四大课程体系。和馨课程侧重健康和艺术，和善课程侧重语言和生活，美心课程侧重品德和人文，美行课程侧重科学和技术。四大课程相辅相成，互相补充，互相影响，在践行中不断培养顺峰学子的躬行、审美、自律、互助、思辨能力，使顺峰学子成长为名副其实的"和美人"。在课程实施方式和途径上，我们构建起"心和行美"的内生型育人模式,正在努力落地实施。

体育艺术节、读书节、科技节、教师节、班主任节、启学礼、起航礼、爱心义卖、学生社会实践、研学等活动丰富多彩,精彩纷呈。生态观鸟、创客、动漫、管乐、舞蹈、绘画、田径、篮球、武术、拳击、环保酵素的制作与推广、团队心理拓展、社交礼仪、数学学习拓展、英语影视文化欣赏等社团的开展为不同特质和个性的学生提供了广阔的发展平台。学校结合国家核心素养培育的教育要求及办学特色,开设了诗文鉴赏阅读、英语自然拼读法、"华罗庚"思维拓展、英语趣配音、英语外教口语训练、编程猫、科学实验、体育、艺术、科普、非物质文化遗产传承等素养课程。

顺峰中学是国家级青少年创客奥林匹克系列活动实验基地和首批STEM教育及创客教育实验学校,在创新教育开展和科技人才培养方面成绩斐然。学校前连后挂,与实验小学、世纪小学、李兆基中学、罗定邦中学等建立了科技创新人才培养的生态教育链。经过多年的实践,已形成了以电子创客、手机应用开发、动漫创作和3D打印为板块的系统化创客课程。

顺峰中学在大力推进大单元主题教学课堂改革方面狠下功夫,与武汉大学教育科学研究院共同聚焦学生深度学习及高阶思维能力的培养,开展基础教育高质量发展研究项目。学校教育教学课堂改革工作在大良街道教育办的关怀下,在武汉大学各位专家的助力赋能下,在全体教师的共同努力下,教学质量有了明显的飞跃。顺峰中学紧抓国内教育改革纵深推进的新机遇,把握顺德教育高质量发展的契机,以教研力激活学习力,大单元推进大课堂,全面推动教师队伍建设与办学质量提升。近年来,学校办学效果和质量明显提高。老师们真正扎根课堂,潜心研究,将"素质教育"融入一节课、一个单元,而不是走过场、走形式。大单元教学在提升教学效益、落实课程核心素养的同时,助力于学生核心素养的培养。

育人策略

图3-4　大良街道与武汉大学合作签约

顺峰中学坚持"内涵发展,科研兴校,和美育人",先后荣获"广东省义务教育规范学校""佛山市义务教育优质学校""佛山市美育评价试点学校""广东省中小学心育特色学校""广东省绿色学校""佛山市文明校园""顺德区先进学校""顺德区教学质量优秀奖"等荣誉。随着首批"现代化窗口学校"建设的推进和多期扩建工程的落实,顺峰中学正朝着教育高质量发展的目标大步迈进。

（本文完稿于2022年10月）

守本悟心：卓越教师的内涵发展

——在陕西师范大学教师招聘会上的发言

尊敬的郭院长、徐老师，各位学弟学妹：

大家晚上好！

我是 2005 届历史系的学生，郭院长是我当时俄国史的授课老师和学院学工组的辅导员，徐老师是我在顺德工作仰慕已久的专家老师，今天非常荣幸在学院见到徐老师，也算是圆了一个梦想。

这次回来参加招聘会，遵照李院长的要求和学弟学妹交流中学历史教师的工作和生活、发展和提升，只是耽误大家跨年休假，真的万分抱歉。

在郭院长的指导下，我简单梳理了成长过程中我认为能够对学弟学妹有帮助的几个事情：一是深耕自己，才是最好的破圈；二是教师有信仰，教育有力量；三是漫长的职业生涯，教师的心态格局，用麦家的一句话说就是——人生海海，山山而川，不过尔尔。

今天我分享的题目是《守本悟心：卓越教师的内涵发展》。

我想先交流一个话题：机遇、能力、资源哪一个因素对于成功更重要？其实，我在毕业的时候参加过一个由新闻与传播学院组织的沙龙活动，当时有个老师对这三个词进行了解释，他说能力、资源是一个人取得成功的基础和前置条件，机遇才是一个人取得成功的关键因素，这里的机遇包含我们生活的时代和我们对于把握机遇所储备的能力和资源。

育人策略

对于一个教师来讲,何为本呢?那就是坚持以专业发展为根本;何为心呢?那就是坚定的理想信念、不忘初心,砥砺前行。

浙江省特级老师罗树庚校长在《教师如何快速成长:专业发展必备的六大素养》一书中指出:内驱力=学习力+行动力+沟通力+研究力+反思力。这里的内驱力,就是教师的专业成长要有目标,不想做骨干和名师的老师不一定是好老师;学习力就是我们要通过深度阅读、学习,让自己向下扎根,向上生长;行动力就是说光有目标不行,还得有行动,不能只抬头看到天,还要低头拉车;沟通力是要站在学生、家长的立场去思考问题,去沟通交流,让我们的工作更加顺畅;研究力是说教而不研则浅,研而不教则空,教学和教学研究要相辅相成;反思力则是说一个老师写了一辈子教案不一定能成为名师,但他写三年反思成为名师的概率就会大大提升。

那今天的第一个主题:深耕自己,才是最好的破圈。

学生为什么喜欢你?其实我认为这三个点非常重要:广博的知识、高质量的课堂、自身素养的提升。教师的专业素养是教师安身立命的根本,由专业能力转化而来的教学质量关乎我们每一个读书人的颜面。像我这种"重度强迫症患者",读书的时候对自己的成绩有要求,做老师后对学生的成绩有要求。这种对自己和对学生的要求总能催化出生机勃勃的学习力、反思力和执行力,也促使专业能力逐步得到提升。正如清初思想家王夫之所言:"学愈博而思愈远,思之困则学必勤。"壳牌石油策划经理盖亚斯曾说:"唯一持久的竞争优势,是胜过竞争对手的学习能力。"因为专业的提升需要时间的沉淀,而强大的学习力和反思力则能加速提升进程,针对问题有目的地进行教学探索,从而提高课堂教学实效。

第一,合格的教师应该具备广博的科学文化知识和精深的学科专业知识,前者包括人文科学、社会科学、自然科学等,后者包括深厚的教育科学、心理科学知识和管理科学知识。广东省特级教师柴松方老师说一个好的历史老师至少要读2000本书。对于各位学弟学妹,我认为我们可以早点阅读这几类的书籍:第一类,生活智慧/实践智慧,如李泽厚《论语今读》、马克斯·范梅南《教学机智——教育智慧的意蕴》、戴维·巴斯《进化心理学:心理的新科学》、戴

139

尔·卡耐基《人性的弱点》等；第二类，教育新理念，如叶澜《"新基础教育"论——关于当代中国学校变革的探究与认识》，刘良华、冯嘉慧《兴发教学论——新课程与新教学改革纲要》，各种版本的义务教育课程标准等；第三类，教育随笔/家庭教育/教育手记/教育日记，如周勇《大师的教书生活》、万玮《班主任兵法》、迟毓凯《学生管理的心理学智慧》、简·尼尔森《正面管教》、塞利格曼《教出乐观的孩子》、李镇西《走进心灵——民主教育手记》等。储备一些基本的教育理论和管理学、心理学知识，当然我们可能也确实读过很多了。现在每个学校也都会开展一些教师读书的活动，来更新老师们的理念和知识。

第二是高质量的课堂。叶澜老师的新基础教育观点主张：把课堂还给学生，让课堂焕发生命活力，让学生成为课堂的主体，在新的情境下开展学习，培养学生的创造性思维和批判性思维；把班级还给学生，让班级充满成长气息，让学生成为班级的主人，通过组织活动、参与活动，发现问题，改进不足，培养学生的主人翁意识、责任担当意识、公民意识等；把创造带给教师，让教育充满智慧挑战，让老师的教学充满创造，丰盈老师的教育生命，提升职业幸福感；把精神发展的主动权还给师生，让学校充满勃勃生机，只有师生得到发展，学校才会有活力，才会在立德树人的道路上有自己的卓越贡献。

我于2005年参加工作，先后在不同的工作单位经历了多种教学模式的探索和教育思想的实践。例如"先学后教"的模式，"双体现、共发展"教学思想以及配合"教学案"的模式，风靡全国的"小组合作学习"模式以及后来的"因材施教""分层走班教学"，到今天我们所实践的"大单元整体教学"模式。其实不论哪种教学思想、教学模式，我们的课堂不可或缺的三个关键词是质疑、展示、评价，这也是培养学生创造性思维和批判性思维的要求，是拔尖创新人才培养的关键，也是课堂教学的灵魂。我最深的一个感受就是，不论学术界或者学校推崇何种教学思想、教学模式，都值得一线的教师一试，只有尝试、探索、思考，才能形成自己的教学风格和工作业绩，也是我们专业进阶、职称晋升的积累和基础，排斥、拒绝只会让我们徒增烦恼，远离工作核心。

那今天详细介绍我所在的顺峰中学所实践的课堂教学改革——大单元主题教学。顺德区的思维课堂要求、大良街道的四有课堂要求，其实都是对课堂

育人策略

教学改革提出的方向性指导,最根本的还是校本改革中的主旨思想和实践途径,我们的课堂教学改革坚持小步子、快节奏,重培训、重反馈、重总结。唯有如此,才能坚定课改信心,做常态化教学研讨,促持续性提质增效。

第三,通过学习、反思、实践、分享让专业素养不断进阶。顺德区对于教师专业发展有一个基本路径指引,新手教师、熟手教师、有经验的教师、优秀教师、专家型教师;对教师专业发展也形成多维阶梯途径,青蓝工程、骨干工程、名师工程、教育家孵化工程;通过培训系统培养成为业内的佼佼者。顺峰中学非常重视对教师专业素养的提升,我们和武汉大学教育科学研究院签约高质量发展研究项目,武大的教授团队从解读政策精神、课程改革、团队建设、大单元教学等方面全方位指导;我们还邀请省内外一线的专家教师驻校指导,把理论学习与实践指导相结合,通过培养校内名师和专家型教师,全方位地提升教师专业素养、优化课堂教学、提高课堂效率。近两年学校有不少优秀老师走出校园,分享自己的教学成果、办学成果或者对热点问题的认识和看法。实际上教师的专业发展离不开课题、论文、分享、竞赛的加持,所以学弟学妹们也要在平时培养这方面的能力和素养。

我分享的第二个主题:**教师有信仰,教育有力量**。

2014年,习近平总书记对新时代的教师提出了"四有"要求,即要有理想信念,有道德情操,有扎实学识,有仁爱之心。2023年5月,习近平总书记对广大教师提出"坚定理想信念、陶冶道德情操、涵养扎实学识、勤修仁爱之心"的要求。理想信念是教师成长的内驱力。

政治理论学习给了我高屋建瓴的指引,身边的榜样给了我朴实的力量。同事们身体力行地向我展现一个负责任的老师该是怎样的模样。特别是今天我们陕西师范大学所倡导的扎根西部、甘于奉献、追求卓越、教育报国的"西部红烛精神",诠释着陕西师大人的家国情怀。其实,我个人觉得西部红烛精神更是一种对教育无私奉献、灼热追求、视为信仰的精神,只要师大的孩子在祖国的大江南北能够秉持对教育的热爱,对事业和母校的忠诚,都是西部红烛精神的体现。我们顺德区的申成林师兄,佛山特教界的领军人物,数十年如一日,默默奉献,成就今天的自己和对特殊教育的引领与贡献。我个人也是秉持这样一种精神,不断进步。

我分享的第三个主题:心态格局——人生海海,山山为川,不过尔尔。

前一阵子,关于给教师减负、缓解教师心理压力的话题经常冲上热搜,确实在我们工作中会有很多压力,如工作压力、职称晋升压力、人际交往的压力等。

我是那种精力比较充沛的人,常常可以充电半小时,待机大半天,在学校大家看到的经常是一个元气满满的我。除了个人特点,元气更多是来自对教师职业的热爱和苦中作乐的能力。毕竟,工作已经这么辛苦了,何不换种玩法给自己增加点快乐?

其实,化解压力的办法并不是没有,我个人的体验就是,你没有能力改变现状、改变职业,那你就试着热爱你现在拥有的职业,唯有热爱可抵岁月漫长。在学生时代,建议你们要培养运动习惯和艺术特长。研究表明,热爱运动和艺术的人生活幸福指数高很多。习近平总书记说过:"一个人遇到好老师是人生的幸运,一个学校拥有好老师是学校的光荣,一个民族源源不断涌现出一批又一批好老师则是民族的希望。"这是一句有无限分量的话,更是对教育充满希望的话。好老师是孩子成长过程中的引路人。其实,认真工作,不辱使命,这是对社会、学校、家长和学生负责,更是为自己的孩子树立榜样。因为,努力成为更好的自己,是对孩子最好的言传身教。

亲爱的学弟学妹们:有道深浅在研思,唯以求真踏实行。

新时代教师要拥有高尚的师德、丰厚的学识、永不止步的研究和创新精神、追求真善美的心、热爱生活的心、终身学习的信念。让我们始终牢记习近平总书记传递的精神,以教书育人为己任,加强学习,拓宽视野,爱岗敬业,甘为人梯,不断提高专业能力和教育教学质量,努力成为践行"道而弗牵,强而弗抑,开而弗达"的高素质、专业化、创新型教师。

最后我想用作家刘墉的话结束我的汇报:"你可以一辈子都不登山,但你心中一定要有座山。它使你总往高处爬,它使你总有个奋斗的方向,它使你任何一刻抬起头,都能看到自己的希望。"愿大家坚持对教育的热爱,功不唐捐,玉汝于成,行而不辍,未来可期。

谢谢!

(本文完稿于 2023 年 11 月)

学校管理

管理是用人治事，它既表现为职能的运转，也表现在系统的优化。学校管理是以组织学校教育教学科研为主要工作的社会活动，具体表现为：通过一定的组织架构和形式，采用一定的制度和手段，协调内部成员关系，整合利用校内外资源和条件，优化学校整体工作，发挥组织效能，实现学校发展愿景。经验告诉我们，如何协调内部成员关系，建立既具有统一文化追求和精神驱动，又能平衡教师收益获得和发展向往的合理机制，在学校管理中尤为重要。

学校管理

唤醒教师职业发展的新动力

教师职级制度源于20世纪80年代美国田纳西州的中小学教师管理制度,是将教师职级与岗位设置相结合,通过专业认证,促进教师自主发展的评价制度。近些年在我国教育相对发达的地区也曾探索实践校长职级制、教师职级制,在教师专业发展领域取得了不俗的进步。2010年以来教育行业逐步实施绩效管理,我校也相应制定了《凤城中学教师绩效工资管理办法》,在过去几年这一办法发挥了应有的作用,但也带来诸多不适应和矛盾。从2015年6月起,广东省佛山市顺德区凤城初级中学就教师专业发展与绩效评价深入展开研讨,相应通过了《凤城中学教师职级动态管理办法》,并经全校教师代表大会通过。

一、《凤城中学教师职级动态管理办法》实施的背景

2012年教育部下发了《中学教师专业标准(试行)》的通知,明确要求中学教师要师德为先,学生为本,能力为重,终身学习。这一通知符合中学教育的内在要求,为教师的专业发展与职业规划提供了明晰的思路。在具体的学校教育中,教师专业发展是一个老大难的问题,存在以下几种现象:第一,区域内教研氛围不浓,缺乏专业引领,普通教师找不到发展的目标与方向;第二,大多数教师通过职称评定,职称提升,收入提高,之后进取意识不强,不愿意承担教科研的重责,缺乏专业再发展的动力,进入职业发展的高原期;第三,青年教师

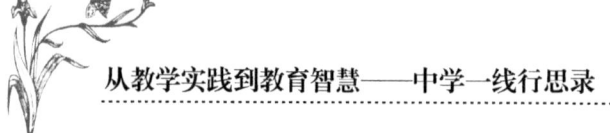

教学压力大,收入较低,付出与收获不对称,导致热情不足。

凤城中学是一所公办初级中学。学校专任教师中教龄在1—5年的教师24人,其中二级教师13人,其余未定级,他们对工作的热情很足,但欠缺教研的经验,专业发展的方向感不强。教龄6—25年89人,其中中学二级教师26人,中学一级教师56人,中学高级教师7人,这个群体是学校工作的重要力量,实际年龄在45岁以下,教学能力成熟,精力充沛,身体健康,承担学校相对大量的工作,但其中也不乏对教育热情不足、教研能力差、自我要求较低的教师。教龄25年以上48人,其中二级教师4人,这几位教师主要是由于学历、身体原因不在一线;一级教师21人,教学业务中规中矩,鲜有亮点;高级教师22人,由于教龄长、职称高、收入高、经验丰富,这部分教师基本以修心养性为主。我校教师的专业发展水平严重制约了学校的课程改革与学校发展的综合改革。那么,如何改变教师专业自主发展积极性不足的现状呢?

二、《凤城中学教师职级动态管理办法》的形成

《凤城中学教师职级动态管理办法》中的教师职级制度是在不改变教师专业职称的前提下,设置不同职级的教师专业发展目标,引领教师尽已所能实现目标,注重教师的情感需要,通过营造积极向上的文化氛围,使教师认同学校发展的核心理念,辅之以相应的奖励,以此实现教师专业自主发展,其实质是发展性评价。

为了突破教师专业发展的瓶颈,2015年7月,学校新一届行政班子经过二十几次行政会讨论,多次征求各方的意见,提出建立教师职级制,并结合《中小学教师职务试行条例》《中学教师专业标准(试行)》《顺德区中小学教师年度考核办法》等文件精神,形成了以教师专业理念、专业能力、专业实绩为主要评价维度,以教师对个人职业理解与认知、对待学生的态度和行为、教师个人修养与行为、教育教学的态度与行为、育人实绩、教学实绩、学习实绩等为评价领域,以教师的业务常规、教学实绩、专业影响、师德评价等为具体评价内容的考核办法。

《凤城中学教师职级动态管理办法》将教师专业发展的目标设定为四个目标职级,即潜能教师、胜任教师、优秀教师、卓越教师,各目标职级绩效奖励也

学校管理

不同,奖金分配比例为0.6∶1∶1.5∶2,主要考察职业态度、师德素养、教学实绩、教研实绩、教研常规、专业影响六个方面。每个职级目标要求不同,教师要想达到更高职级,必须付出更多的努力,以促进教师在实现不同职级目标时不断提升专业能力与素养。

另外,在职级制度中对教师自主发展也做了一些相应的要求,特别是提到教师阅读,这么做无非就是提醒教师要沉下心,升华自己,向一个有内涵的教师发展。

三、《凤城中学教师职级动态管理办法》的特点

(一)数易其稿,体现团队智慧

教师评价涉及内容繁杂、系统而又各有特点,虽然这个项目有专人负责,但却不能全面系统。同时这个工作也是在考验学校行政团队的智慧与耐心,团队需要从项目设立、奖金比例、职级名称、学科特性等问题着手,对于不同的问题要想到不同的解决办法,而且这些办法必须科学有效,尽可能去行政化,还不能违背初衷和原则。

北京师范大学鲍传友教授给我们建议:"评价的体系宜粗不宜细,要淡化经济激励,注重维护教师的情感,不要太关注纯粹的结果。同时这些评价标准的认可度要高,让教师要有归属感。"正如上文所述,在问题面前全校上下都是以解决问题的心态来沟通,并于2015年12月16日在全校教师大会上,讨论并通过了《凤城中学教师职级动态管理办法》,这说明标准的认可程度非常高。

(二)优先集体,彰显核心价值

备课组、科组、级组是学校教学管理、德育建设的具体实施者,是学校教育系统工程中不可或缺的关键环节。《凤城中学教师职级动态管理办法》第一部分就针对集体而设置,包括全员德育质量奖、教学成绩质量奖(备课组、级组)都有相应奖励,奖金上限超过总额的50%。

这些规定体现了对教学质量的重视,是办法实施的核心价值,通过促进教师个人发展,让团队的价值得到彰显。

(三)职级分明,实现优绩优筹

《凤城中学教师职级动态管理办法》第二部分是针对教师个人的发展而设

147

立的。之前学校的绩效工资管理办法注重点对点的奖励,也就是教师完成某一项工作、取得某种奖励按级别进行相应奖励,这一做法导致教师心态急功近利,曾出现"教得好不如交的好"的说法。到了期末,老师们一边忙于整理上交的各类资料,一边忙于复习备考,评价烦琐而效率不高,不同教师绩效工资各不相同,不能很好地发挥绩效奖励的作用。

为此,职级制设立潜能教师、胜任教师、优秀教师、卓越教师四个层级,学年末绩效奖励分配比例为 0.6∶1∶1.5∶2。教师设立目标并在过程中对照目标逐步实现,属于过程性评价,而结果的出现只是职级评价的一个环节。每一个层级教师的目标一致,绩效奖励一致,但不同职级之间的奖励是有差异的,规避了只重资历而忽视能力与贡献的现象。

(四)导向明确,注重标行一致

《凤城中学教师职级动态管理办法》对不同职级的要求不同。高职级的教师要求高,承担的岗位职责也大,他们不仅要在教学上优于别人,还要在教育科研、示范引领、指导评价等方面有相应的成绩。当然职级制的动态性也让教师有很大选择的空间,我们期望这一措施在推进过程中能够推动我校名师工作室的建立,注重落实平时的工作,让每一个教师每一学年都有相应专业职级目标的提升。

另外,职级制结合了《中小学教师职务试行条例》《中学教师专业标准(试行)》《顺德区中小学教师年度考核办法》等文件要求,它的实践过程是职称评定条件积累的过程,也是年度考核是否称职或者优秀的过程。满足卓越教师目标要求,那么必然会满足高级教师评定的资格,或者省一级名师的条件。我们设定连续三年或者五年内有三年被评为卓越教师的,可以终生享受相应待遇。

四、关于《凤城中学教师职级动态管理办法》的思考

凤城中学教师职级制适用范围仅限于本校,只限于学校内部有限的资源重组,职级激励权重、力度有限,能不能从根本上改变本校教师在专业发展过程中出现的种种问题呢?这是一个需要检验和探究的问题。

凤城中学教师职级不是教师身份与职务的象征,而主要是对教师在过去

一年工作的鉴定和评价,重视唤醒教师的荣誉感、责任感,试图通过任务驱动来激励教师专业发展。华南师大卢晓中教授说,"大多数人接受的制度才是好制度",那么如何让这一制度光彩熠熠呢?如何通过带动一所学校教师专业发展而带动街道、区域公办初级中学教师专业发展呢?这也是我们在探索过程中思考的问题之一。

总之,要想让教师职级动态管理办法充分发挥其功效,学校就要在职级目标的制定过程中,淡化经济激励,避免只关注纯粹的结果,通过保护教师的情感,让教师获得归属感,从而让教师体验成功的幸福。

(本文完稿于2015年12月,发表于《教育家》2016年第16期)

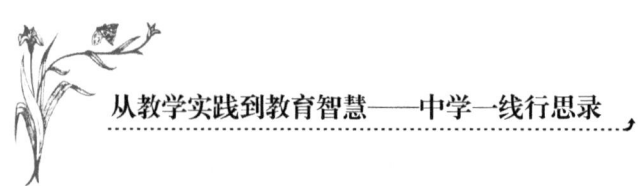

基于中小学教师职后专业发展的职级制度
研究课题报告

《国家中长期教育改革和发展规划纲要(2010—2020年)》中提出,有好的教师,才有好的教育,要努力造就一支师德高尚、业务精湛、结构合理、充满活力的高素质专业化教师队伍。教师专业再发展成为学校教育持续高效发展的关键因素之一,教师队伍建设也成为各所学校思考、探索的关键问题之一。

一、课题研究的背景及动机

党的十九大报告明确指出,"建设教育强国是中华民族伟大复兴的基础工程,必须把教育事业放在优先发展的位置,加快教育现代化,办好人民满意的教育……加强师德师风建设,培养高素质教师队伍",基于此,未来学校教育的高位发展成为中华民族伟大复兴的关键内容之一。教师作为学校教育的重要要素,其队伍的建设关系到学校教育能否真正落实"立德树人"的根本任务与"社会主义核心价值观"的主旨要求。因而,教师队伍的建设成为未来学校教育发展的核心问题之一。

凤城实验学校是一所地处城乡接合部的公立九年一贯制学校,生源结构复杂,跨学段教学对教师的专业能力提出了更高的要求。对于不少高级教师已经处于"饱和状态"的学校而言,现行的绩效工资制度无法进一步从专业能

力提升角度激发教师保持前行的动力,致使学校开展教师专业发展工作的难度相对比较大。《国家中长期教育改革和发展规划纲要(2010—2020年)》明确提出要健全教师管理制度,加强学校岗位管理,创新聘用方式,建立健全义务教育学校教师和校长流动机制。凤城实验学校作为一所刚组建的九年一贯制学校,拟结合现行教育政策、教师队伍建设制度、职称评价制度、绩效工资考核方案等内容,探索有利于未来学校教师队伍建设的动态职级制度,以促进教师专业发展,适应未来学校教育的需要。因此,通过教师管理制度的完善来激发教师专业再发展的积极性势在必行。

课题的研究是基于凤城实验学校教师专业发展的实际情况——公立九年一贯制学校教师专业发展内驱力严重不足,现行教师评价机制未能充分解决这一问题。学校实行职级制,目的在于进一步细化教师专业技术职务,使教师在更贴近自己、更容易达到的目标激励下产生发自内心的成就需求,这一目的具有明确的导向性。

课题拟通过构建学校教师动态职级制,尝试建立教师科学合理的绩效考核机制,推动教师专业发展,促进教师自我发展,提高教师工作的主动性、积极性,探索中小学教师动态职级制改革的可行性方案,并对区域内各级各类教师的评价和专业发展提供建设性建议和经验。

二、研究的主要内容

(1)九年一贯制学校教师工作积极性调查,凤城实验学校现阶段教师专业发展的内驱力调查与分析。

(2)探索构建九年一贯制学校教师动态职级评价体系及配套制度,建立教师分类分级制度。

(3)探索网络环境下教师动态职级评价平台的构建。

(4)教师动态职级制公立九年一贯制学校运作相配套的政策研究。

研究的重点是如何在公立九年一贯制学校建立教师专业自主发展体系,通过对校本动态职级制的实践与研究,建立科学、合理的教师职级评价体系,推动教师职后专业发展,构建学校教师专业自主发展的制度与氛围,以适应未来学校教育的要求,并对区域教师职级制度的实施提供经验和可行性参考。

三、研究方法

(一)行动研究法

教师职级制实施的初衷是为了促进教师的专业发展,教师专业发展能力是检验职级制度实效性的最可靠标准。因此,通过对教师的个案追踪研究,在实践中关注不同学科和发展阶段的教师,最终达成以职级评价促进教师专业发展之目的。

(二)文献研究法

这一方法是本课题顺利开展的前提和基础。通过大量阅读、思考、整理国内外关于中小学职级制度的实施与研究论文,熟知研究成果,以此建立真实、充分的研究史料,为制定凤城实验学校教师职级制度提供范本。

(三)问卷调查法和访谈法

设计问卷,通过对本校及区域内其他学校现行的教师绩效考核方案与教师专业发展进行调查研究,了解现阶段教师专业发展呈现出的问题、教师对职业发展的规划以及对绩效考核方案的建议。确保问卷的信度和效度。

除了问卷调查获取一手资料之外,还将采取个别访谈的方式,收集教师对于职级评价制度看法的第一手资料,这样也可以从另一个方向保证问卷调查的信度。

(四)经验总结法

在研究和实践中,及时进行反思反馈,总结经验,撰写相关子课题研究论文及报告,总结归纳相关理论和实践探索成果。

四、课题研究的途径

遵循"规划—实施—反思评估—总结提升"的整体思路(图4-1),以建立教师发展为导向的教师职级评价制度为核心目标,围绕征询意见、评价网络平台开发和建设、教师专业发展档案建设、评价制度这四大模块同时展开,相互交叉融合全面展开工作。

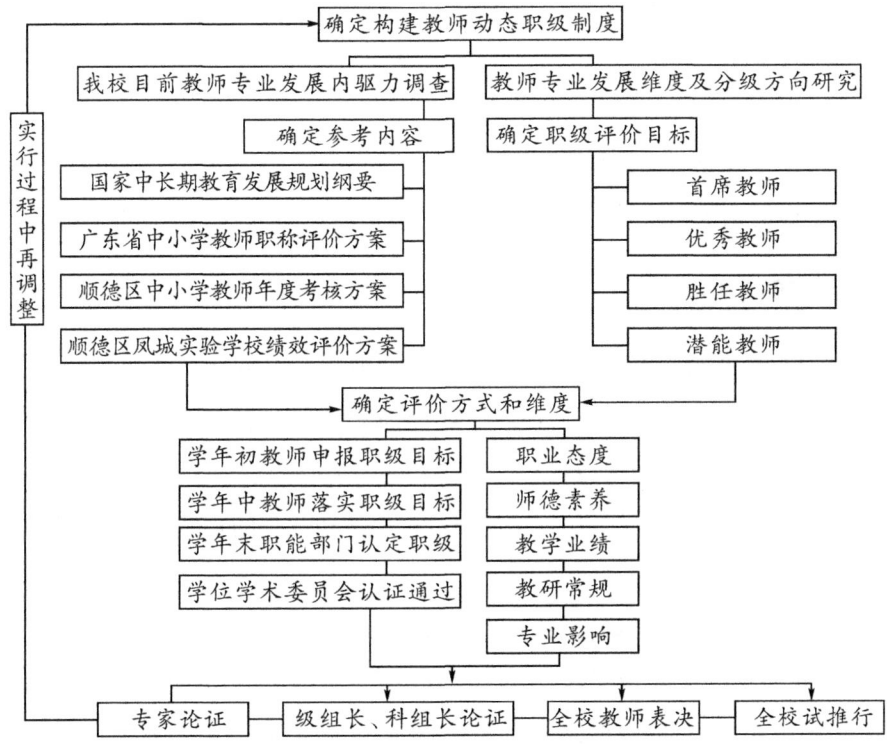

图4-1 凤城实验学校构建教师动态职级制度整体思路

五、课题研究的步骤

第一阶段:课题前期准备阶段

(1)资料收集和分析。

(2)研究文献资料,制定研究方案,整理出研究项目,初步构建动态职级制实施的方案。

第二阶段:课题实施阶段

(1)讨论制定教师动态职级制实施具体方案。

(2)在全校实施动态职级制方案。

(3)分析实施情况,评估前一阶段实施过程中出现的各种问题和实践效果,对前期研究工作进行回顾总结,及时调整和改进后期研究思路。

(4)以研究论文、课题报告、案例、反思总结作为成果汇报形式,接受课题组的验收。

第三阶段:课题总结成果阶段

(1)汇编研究论文集和撰写研究报告。

(2)面向全区学校推广九年一贯制学校教师动态职级制经验和研究成果。

六、研究成果

近两年学校结合校情探索出了一条以教师动态职级制为导向,以教师培训、校本课程开发、家校共育为保障措施的助推教师专业再发展的路径,试图根据教师的综合水平和能力将教师分类分级,通过绩效奖励的差别化调节引导教师向更高一级的目标努力,在这个过程中调动教师的积极性,实现教师的专业再发展。

(一)凤城实验学校教师动态职级制产生背景

1986年我国颁布《中小学教师职务试行条例》以来,虽有不断地修改和调整,但未能改变现行的职称评价制度,教师通过职称晋升提高报酬与地位,但并未明显提升岗位职责能力与专业再发展的积极性。2009年教育部门推行教师绩效工资改革,把教师总收入的一部分作为奖励性绩效工资来推动教师专业发展,各所学校根据实际出台不同措施。为了在期末考评中获得更多的绩效奖励工资,教师在教学过程中的积极性有所提高。但其他有利于专业发展的活动很少有教师参加,也没有改变部分教师应付集体教研、不愿意参与课题研究、不愿意总结经验撰写论文、对课程改革处于消极状态等现象。

凤城实验学校是一所公立初级中学,截至2015年9月专任教师教龄与职称情况统计数据如表4-1:

表4-1　2015年凤城实验学校教师教龄与职称情况统计简表(人数)

教　龄	人　数	未定级	二级教师	一级教师	高级教师
5年以内	24	11	13	—	—
6—25年	89	—	26	56	7
25年以上	48	—	4	22	22

学校有在岗教师161人,从职称角度来看,高级职称有29人,占学校教师总数的18.01%;一级职称有78人,占学校教师总数的48.45%。一级职称以上的老师占全校总数已达66.46%,致使在具体的教师专业发展中存在以下几种现象:第一,大多数教师通过职称评定,进取意识减弱,不愿意承担教科研的重责,缺乏专业再发展的动力,进入职业发展的高原期;第二,教龄在5年以内的教师热情足,但缺乏专业引领,找不到发展的目标与方向;第三,青年教师教学压力大,收入低,付出与收获不对称,导致热情不足等。这些状况影响了学校教师专业发展,而教师专业发展水平又严重制约着学校的课程改革与学校发展的综合改革。

国外为了克服业绩工资的局限,制定了教师职级制度,它是一种岗位管理制度,各职级职责分明,职级越高,责任越重,将职级晋升与岗位职责挂钩,有利于教师拓展自己的专业能力,同时承担起更多的专业责任。

美国是世界上较早实施中小学教师职级管理的国家之一,其中以田纳西州的教师职级制度影响最大。田纳西州的教师职级制度自1984年开始实施至今,是全美第一个全州性的教师职业阶梯方案,其实施时间较久,影响较大,制度规范较为周全,并且取得了显著的成效,我校在借鉴该制度的基础上,又有所创新。

(二)凤城实验学校教师动态职级制的基本内容

在美国田纳西州的教师职级制度的启示下,凤城实验学校制定了符合学校校情的教师动态职级制。

1. 职级目标

将教师专业发展职级的目标设定为四个,即潜能教师、胜任教师、优秀教

师、卓越教师,各目标职级绩效奖励也不同,计算方式如下:

$$胜任教师奖励性绩效 = \frac{奖励性绩效总额 - 集体奖励项目奖金}{0.6Q 人数 + S 人数 + 1.5Y 人数 + 2Z 人数}$$

奖金分配比例为 0.6∶1∶1.5∶2,主要考查职业态度、师德素养、教学实绩、教研常规、专业影响五个维度。

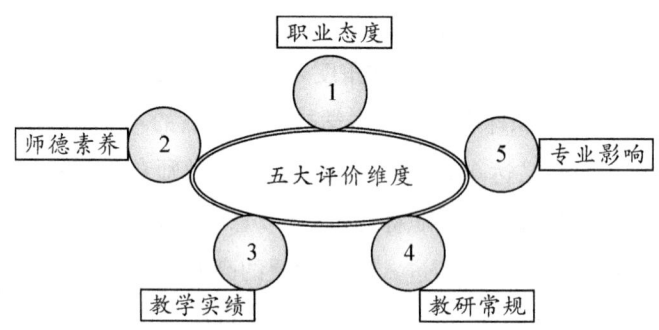

图 4-2 凤城实验学校教师动态职级制评价维度

每个职级目标对教师的专业要求不同,教师要想达到更高职级,必须付出更多的努力,从而促进教师不断提升专业能力与素养。各职级具体要求与实施成效见表 4-2:

表 4-2 各职级目标要求和现有成效

职级目标	职级要求	现有成效
卓越教师	教师职级的最高目标,培养教师成为市级以上名师,具有较强的专业影响力	已有 3 位老师被评为顺德区首届名教师
优秀教师	培养教师成为区级以上名师,具备较强的专业素养	已有 6 位老师被评为大良街道首届名教师
胜任教师	达到学校基本的要求,能完成本岗位的职责	目前全校教师均达到
潜能教师	有部分目标尚未达到要求,愿意提升自己的专业能力	从 2016、2017 学年均有 6 位,目前已降为 0

2. 各评价维度的具体要求(见附录)

表4-3 以胜任教师为例

胜任教师	(1)开设学科特色课程、素养类课程、社会实践课程,并完成教学任务,初三教师自主选择。主动申请担任班主任、备课组长、学科组长、团委书记、生活部长、级长。未担任德育岗位的教师能完成正常育人工作,如指导清洁、社会实践等管理工作,达到80分以上
	(2)学年学生评价满意度80%以上,师德评价80分以上
	(3)统考科目: 分层教学学科: A层学生考查得分率、低分率、合格率,以上各率发展值都大于-0.3,贡献率大于5%;B层学生考查合格率、优秀率、得分率,以上各率发展值都大于-0.3,贡献率大于5%;C层学生考查优秀率、高分率、得分率,以上各率发展值都大于-0.3,退步率小于4%;四项考查指标至少有两项达标,发展值两种计算方式取最高值,化学学科以初三第一次联考成绩为基础成绩。 未分层教学科目: 任教班级成绩各率均值,50%以上指标排名街道80%名以前;中途接班老师成绩排名进步5%以上。 非统考科目: 信息技术:积极培训并带领学生参加各类竞赛,辅导学生参加上级教育行政部门组织的竞赛,获街道以上奖。没有竞赛项目,负责指导一个校级社团,并有展示。 美术:一年三大艺术活动——教育文化节、学校体艺节、读书科技节。按照学校及科组安排圆满完成任务。 音乐:一年三大艺术活动——教育文化节、学校体艺节、读书科技节。按照学校及科组安排圆满完成任务。 体育:积极参与学校各项教研活动,服从学校教学工作安排。①国家体质测试初一学生合格率达70%,初二学生合格率达80%,初三学生合格率达到80%。②学年末体育专项考试(结合中考项目设置考试内容)初一学生合格率达70%、优秀率20%,初二学生合格率达80%、优秀率30%。③比赛成绩:所执教运动

续表

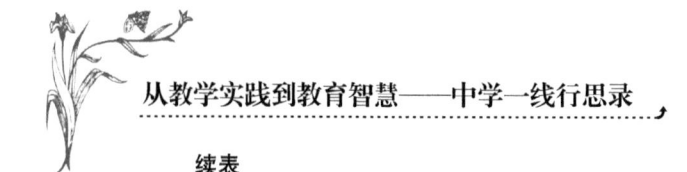

胜任教师	队获得区团体比赛资格或所带运动员入选街道代表队参加区级比赛;所执教运动队获得街道各项比赛团体前70%名或者个人单项前3名。 心理:按要求完成心理咨询室档案资料;完成学校心理网站网页更新;定期组织心理团辅活动(包括初三考前团辅和初一初二各类小型团辅);心理辅导室按时值班
	(4)每学期有一套自编的试题、一份(10次)听课评课意见、一节课改研讨课(组内);每学年有一篇论文和与学校课题相关的一个结题小课题
	(5)主动研究教材教法、课程标准、考试说明,并在学校组织的考试成绩合格

如表4-3,以胜任教师职级目标为例,我校教师职级制从五个维度引领教师专业发展,不同职级目标对教师的专业要求不同,职级越高要求越高,对教师专业提升的促进作用越明显。

第一,职业态度:为引导教师主动配合学校课程改革、学校育人工作、中层干部工作而设计,注重调动教师专业发展的主动性。

第二,师德素养:通过师德评价要求引导教师自发提升师德素养。每学年教师要接受学生满意度与家长满意度测评,参与同事评价、主管部门评价等,从而促进师德建设。

第三,教学实绩:主要采取发展性评价对教师的教学实绩进行评价,根据不同学科与考查特点制定相应的标准,评价标准必须体现发展性。统考科目通过比较教师任教班级前后两次考试各指标的比值差,即发展值,界定教师近一段时间的教学效果。体育、音乐、美术、信息技术等非统考科目采用学科组自己提出的考查方式,但必须体现发展性。

第四,教研常规:要求教师每学期有一套自编的试题、一份听课记录(15次)、一个与区及规划课题相关的小课题、一节组内公开课、一篇论文。

第五,专业影响:包括研究教材教法、课程标准、读书分享、各级别研讨课、各级别课题、教学论文等。不同职级要求在街道、区、市、省等不同级别有相应的成果。

(三) 凤城实验学校教师动态职级制的实施

1. 操作流程,如图 4-3 所示

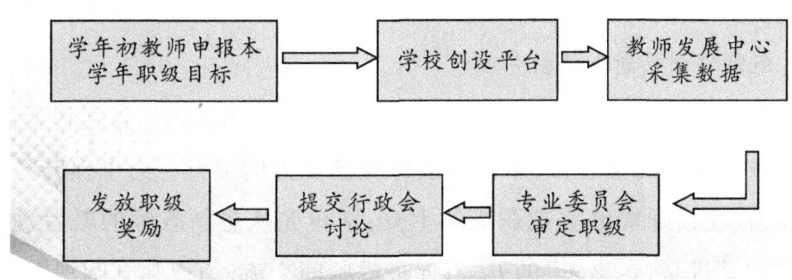

图 4-3 凤城实验学校教师动态职级制操作流程

充分尊重教师的主动性,学校重在提供服务、创设平台,以激发教师专业发展的内驱力,从而达到教师在教学、教研等业务领域的自主提升。

2. 职级核定

我们以教师达到的最低职级目标为上限,界定教师一学年的职级评价。

表 4-4 凤城实验学校职级评价的方法

教师姓名	职业态度评定等级	师德素养评定等级	教学实绩评定等级	教研常规评定等级	专业影响评定等级	职级核定
A	卓越	卓越	卓越	卓越	卓越	卓越教师
B	卓越	优秀	卓越	卓越	卓越	优秀教师

田纳西州教师职级制度中的职级评价标准基本相同,主要包括教师课堂内外行为表现和学生成就增值。但其中要求教师的评价指标中必须有 50% 依据质性评价方式进行,包括教师观察、个人座谈、前置评价等方式,另外的 50% 的指标则来自学生成就,这是一种将教师专业证书与岗位设置相结合的综合性管理制度。而凤城实验学校教师动态职级制是在不改变教师专业职称的前提下,设置不同职级的教师专业发展目标,引领教师专业发展。它注重教师的情感需要,通过营造积极向上的文化氛围,使教师认同学校发展的核心理念,再辅之以相应的奖励,以此实现教师专业自主发展,其实质是发展性评价。

(四)促进教师职级提升的保障措施

在校本动态职级制的引导下,教师不断迈向更高的专业阶梯,但这还不够,还需要给教师提供机会,搭建平台,使教师将这种迫切提升职级的需求转化为现实。

1. 教师培训更新教师教育理念

教育理念是人们对教育教学及其发展的本质性的认识、态度和观点,它贯穿于教育教学的全过程,影响着教师执教能力的提升。为了提升教师的执教能力,让教师能够实现职级的上升,学校先从更新教师的教育理念出发,采用"请进来,走出去"的方式,促进教师间交流,为教师开阔视野、更新理念创造机会。

学校先后邀请北京师范大学鲍传友教授,西北师范大学副校长刘复兴教授,华南师范大学卢晓中教授、张俊洪教授、梁永丰教授,华东师范大学董蓓菲教授,《中国教师报》马朝宏主编,《中小学德育》徐向阳副主编,以及佛山市、顺德区教研专家数十人,到校以座谈、沙龙、报告等形式对教师进行培训指导,更新教师专业理念、教育思想,激活教师内心深处的育人情怀。

近两年半,学校一线教师外出培训人数超过 250 人次,学校结合课程改革的实际需求,有方向、有计划、有目标地将一线教师轮流送到区内名校、省外名校跟岗学习或者到高等师范院校参加理论研修,研修足迹遍布佛山各区、连南、中山、珠海、深圳、东莞、上海、山东、北京等教育先进的地市与学校。参与研修促使教师教育理念与实操在学习过程中内化提升。

2. 校本课程助升教师课程开发能力

2001 年 7 月教育部颁布的《基础教育课程改革纲要(试行)》明确提出"实行国家、地方和学校三级课程管理",校本课程开发对提高教师的使命感、责任感,提高教师教育教学水平和科学研究水平,调动教师教育教学积极性,使教师的优势由潜在状态进入到现实状态,都具有重要的意义。因此学校在保证开足开齐国家课程的前提下,确立了构建多元化校本课程体系的目标,要求全体教师根据个人特长、兴趣、能力开发校本课程。目前学校已经开设拓展型课

程与探究型课程57门,含学科素养类课程、艺术素养类课程、运动素养类与社会实践类课程,在每周周二、周四第七、八节开课,以满足学生不同的需求,真正实践素质教育,提升学生的核心素养。教师也正是在参与校本课程开发的过程中,其自身教育教学水平和科学研究水平得到不断提升,进而使教师职级提升成为可能。表4-5是本学年经过学校学术委员会讨论后允许开设的选修课。

表4-5　2018学年第二学期周二选修课(初一、初二)

开课教师	选修课名称	开课教师	选修课名称
马永均	阅读技巧训练(小说篇)	李洁杏	课外阅读讨论
滑雯	初一数学培优	郭耀芝	中外趣味神话故事
赵慧玲	中国民俗文化选讲	李艳	历史大杂烩
江思玲	电影赏析	陈淑银	生存大作战
刁扬玲	地理视频解析	胡嘉欣	科学之眼看世界
张展镁	零基础学唱日语歌	闵乐婕	中国象棋
梁晓雯	创意手工课	卢洁红	基础韩语
马晓纯	《延禧攻略》历史人物赏析	李浩樑	西班牙语
蓝嘉丽	英语绘本阅读和分享	陈洁	国际象棋
伍美玲	时事新闻	饶建琼	文学社活动课
余丽萍	追踪地理之谜	杨帆	初级瑜伽
胡玉萍	经典电影赏析	黎淑文	插花技艺
陈秋莲	顺德美食制作	赖培明	看视频学数学
陈怡芳	黏土	黄晓玲	经典英文电影赏析
罗平远	生物实验	李树英	中国书法
陈顺腾	Photoshop图像处理	邓莲	寻味顺德
万慧	动漫	朱金富	美丽中国乡村行
郑景才	认识人工智能	黄永斌	生物学
沈鸿英	排球	钟明	葫芦丝

续表

开课教师	选修课名称	开课教师	选修课名称
关利亭	乒乓球	罗昌才	水乡水墨画
汪蕾	舞蹈队	谢刚成	顺德风情主题摄影
朱家梓	吉他	尹虹	舞蹈
陈琳琳	古筝	慈琳	动漫
罗美玲	尤克里里	曾丽美	Scratch 创意编程
曾子群	街舞	朱瑞铜	机器人
黄宇健	声乐	陈壁渠	足球
罗美玲	尤克里里	陈尚华	女篮
曾子群	街舞	何建发	男篮
黄宇健	声乐	朱家梓	吉他

在选修课的开设上，一开始老师的主动性并不高，但由于职级制明确要求教师必须申报选修课程，且所开设的选修课程有一定的课时补助，这在一定程度上提高了老师的积极性；同时学校还搭建选修课的展示平台，利用各种机会进行推销和展示，学生也比较喜爱选修课程，使得教师的积极主动性进一步提升。目前插花、机器人、水墨画、篮球、顺德美食制作等课程均可以走出去展示。选修课也激发了学生热爱校园生活的情感，使学生生活更为丰富，有助于学生个性的培养和特长的养成。当然，在尝试过程中我们也发现选修课专业性不强，选修课程资源还有待进一步加强。

3. 家校共育营造教师职级提升氛围

家庭教育与学校教育，合则共赢，分则皆输。学校实施家校共育，为教师职级提升搭建平台，营造和谐氛围。学校建立了"家长学分制"，由家校沟通、家庭教育比较有经验的教师主体研发，形成家长课程，以面对面授课的形式与家长交流教育的方法，要求初一、初二学生家长每学年必须至少参加4次家长课堂，并以学分的形式向全体家长公布，使家长更多地参与学校教育，支持学校教育活动，使家长和学校在育人目标等方面统一思想认识，形成教育合力，

实现育人目的。

表4-6 凤城实验学校家长学分制实施基本方式

家长学分获取的途径	星级评价
参加学校"菜单式"家长学校讲座培训	每学年100分以上评为五星级家长;
网络课程学习	每学年80分以上评为四星级家长;
参与学校管理、家长义工	每学年60分以上评为三星级家长;
亲子活动	每学年对获得五星级的家长,实行表彰;三年均获得三星级以上的家长,在孩子毕业时给
家长学历晋升、职位晋升、受到表彰等	家长颁发家长学校毕业证书

实施过程中不断完善家长学分制,借助有效资源,向家长介绍亲子教育的有效方法,促使家长改进教育的方式方法,让这项活动开展得更接地气,也有利于提升学校教育的成效。

(五)凤城实验学校教师动态职级制实施的初步效果

表4-7 学校实施两个学年后初中部教师职级结果(人数)

	卓越教师	优秀教师	胜任教师	潜能教师
2016学年	0	22	132	5
2017学年	0	26	133	0

从表4-7数据看,卓越教师数量为0,与此前预期基本一致,因为卓越教师的标准比较高,能达到卓越教师基本上与省名师的要求同步。优秀教师数量有所提升,潜能教师数量下降,说明评价体系正引导教师有序发展。2018年在顺德区首届"名教师"评选中刘丽华校长被评为顺德区名校长,白建元、刘少玲老师被评为顺德区名教师;在大良街道首届名师评选中刘丽华、白建元、刘少玲、黄锦辉、陈文优、刘映慈等被评为"名教师",周彬、浦莹、刁扬玲、苏佩妍、许施华、刘洁琼等被评为大良街道"教坛新秀"。由此可见,职级制度实施初期达到的效果,也与预设是一致的。

另外,在这两年的职称评定过程中由于学校中学一级教师的指标额很少,所以对教师的要求越来越高,而职级评价的方向与此一致,恰能促使年轻教师在平时的工作中不断积累,以致基本上通过学校评审就能通过顺德区的中级职称的评审。在高级职称的评审中,2016、2017、2018年连续三年,学校参评教师通过率远远高于佛山市的平均通过率。这些成果也是和学校在职级评价标准的设定时参考《广东省中小学教师职称评审》的初衷是一致的。

表4-8 2015年与2018年教师教龄与职称情况比较(中小学)

2015年					
教龄	人数	高级教师	一级教师	二级教师	未定级
5年以内	24	0	0	13	11
6—25年	89	7	56	26	0
25年以上	48	22	22	4	0
合计	161	29	78	43	11
占比(%)		18.0	48.4	26.7	6.8
2018年					
教龄	人数	高级教师	一级教师	二级教师	未定级
5年以内	30	0	0	14	16
6—25年	124	8	97	19	0
25年以上	80	26	48	6	0
合计	234	34	145	39	16
占比(%)		14.5	62.0	16.7	6.8

如表4-8所示,2018年学校有在岗教师234人,从职称角度来看,一级教师的比例提升明显。在校本动态职级制的导向下,近三年全校教师100%主持或参与小课题研究,培育立项了4个省级课题、18个区级课题;教师参加省、市、区级比赛八十多人次获得奖励;在省级以上刊物发表论文30多篇;构建了较为成熟的分层走班教学课程体系。

2018年中考是职级制度实施后的第一届中考,学校中考成绩统计数据(表4-9)与往年中考成绩相比较均有提升,也说明学校实施教师职级制度之

后促进了教学业绩的提升。

表4-9 职级评价实施后的第一次(2018年)中考成绩

成绩	区前10名	区前20名	区前100名	区前1000名	区前3000名
人数	1	2	4	37	97

对于像凤城实验学校这样的公办初级中学,中考个人成绩能够进区前10名几乎没有过,能够升入四所老区属高中的学生人数创历年新高。

凤城实验学校以专业的视角,探索出了一条以校本动态职级制为导向,以教师培训、课程开发、家校共育为保障措施的助推教师专业再发展的路径。当然,在具体工作中也存在诸多不足,学校将在教师动态职级制改革促进教师专业发展的路上继续孜孜不倦,上下求索。

(本文完稿于2018年11月)

附录：

凤城中学教师职级动态管理办法
（试行稿）

为了进一步促进我校教师专业自主发展,根据中华人民共和国《中学教师专业标准(试行)》稿,结合我校实际情况,以提升教师专业素养为目标,促进教师自主发展为重要任务,简化绩效考核方式为要求,特制定本评价标准。

一、指导思想

建立科学、规范的分级评级标准,激励广大教师与时俱进,发挥创造性思维,积极扎实工作。凸显专业优势以提升教学业绩,发挥人格特质以推动育人工作,使我校教育工作在新形势下健康持续发展。

二、评价原则

(1)坚持"公开""公平""公正"原则。
(2)坚持"优绩优酬""一线优先"原则。

三、实施范围

学校从事义务教育的全体在编教师。

四、教师职级动态管理目标

卓越教师、优秀教师、胜任教师、潜能教师四个目标标准。

五、教师职级动态管理方法

(1)个人申报：每学年初在编一线教师根据个人实绩，对照《凤城中学教师职级动态管理办法》自行申报个人本学年的目标层级。

(2)层级认定：学校职能部门根据教师个人工作实绩，在学期末、学年末对教师教书育人业绩进行统计、评价，并进行教师职级认定。

(3)绩效奖励：根据认定层级，教师在新学年享受相应职级绩效工资待遇。

六、教师职级绩效奖励方法

第一部分集体奖励项目：包括全员德育质量奖、教学质量集体奖、初三中考质量奖、统考科目备课组/级组集体成绩奖、非统考科目集体成绩奖，集体奖励奖金设定超过总奖金的50%。

第二部分个人奖励项目：学科教师职级奖励、后勤工作人员职级奖励。

(一)第一部分：集体奖项目

1. 全员德育质量奖。

一等奖700元，二等奖500元，三等奖300元。

2. 教学质量集体奖：包括统考科目备课组、级组集体成绩奖励方法。

在街道、区教育局组织的统考中，备课组、级组参加考试科目的综合排名按以下标准进行奖励：如有七所学校统考，此项奖励前四名；只有四所或者五所学校统考，此项只奖励前三名；如果两个学期都有统考，此项奖金分两次发放，每次发对应奖励标准的一半奖金额；如只有学年末统考，此项奖金一次发放。

表4-10　凤城实验学校统考科目备课组、级组集体成绩奖励方法(元/人)

街道排名	第一名	第二名	第三名	第四名	第五名
级组总成绩	1000	800	700	600	500
备课组成绩	1500	1200	1000	800	600

3. 初三中考质量奖:按照之前方案执行。

4. 非统考科目备课组集体成绩奖励方法。

表4-11 凤城实验学校非统考科目备课组集体成绩奖励方法

科组	第一档 1500元/人	第二档 1200元/人	第三档 1000元/人	第四档 800元/人
信息技术	荣获省二等奖及以上4项	荣获省三等奖及以上或区一等奖及以上4项	荣获大良街道一等奖及以上4项	荣获街道二等奖及以上4项
体育	初三:中考街道第一; 街道中小学田径运动会第一名	初三:中考街道第二; 街道中小学田径运动会第二名	初三:中考街道第三; 街道中小学田径运动会第三名	初三:中考街道第四; 街道中小学田径运动会第四名
美术	按学校要求组织三大艺术活动外,学生或老师参加街道以上艺术竞赛总获奖人次达到30人次,且至少获得省级教育行政部门比赛一等奖	按学校要求组织三大艺术活动外,学生或老师参加街道以上艺术竞赛总获奖人次达到25人次,且至少获得省二等奖或市一等奖以上	按学校要求组织三大艺术活动外,学生或老师参加街道以上艺术竞赛总获奖人次达到20人次,且至少获得区一等奖	按学校要求组织三大艺术活动外,学生或老师参加街道以上艺术竞赛总获奖人次达到15人次,且至少获得街道一等奖
音乐	按学校要求组织三大艺术活动外,学生或老师参加文艺汇演获省市同级比赛一等奖	按学校要求组织三大艺术活动外,学生或老师参加文艺汇演获区同级比赛一等奖	按学校要求组织三大艺术活动外,学生或老师参加文艺汇演获街道同级比赛一等奖	按学校要求组织三大艺术活动外,学生或老师参加文艺汇演获街道同级比赛二等奖

续表

科组	第一档 1500元/人	第二档 1200元/人	第三档 1000元/人	第四档 800元/人
心理	参加心理健康教育类比赛获国家级二等奖以上奖励或学校被评为国家级以上心理特色学校	参加心理健康教育类比赛获省级一等奖以上奖励或学校被评为省级以上心理特色学校	参加心理健康教育类比赛获区级一等奖以上奖励或学校被评为区级以上心理特色学校	参加心理健康教育类比赛获街道一等奖以上奖励

（二）第二部分：教师个人职级奖励方法（此项奖金一学年发放一次）

表4-12　凤城实验学校教师个人职级奖励方法

职级标准	潜能教师	胜任教师	优秀教师	卓越教师
绩效比例	0.6	1	1.5	2
代表字符	Q	S	Y	Z

计算方法：

$$胜任教师奖励性绩效 = \frac{奖励性绩效总额 - 集体奖励项目奖金}{0.6Q人数 + S人数 + 1.5Y人数 + 2Z人数}$$

七、教师个人职级标准

（一）第一部分：教师职级申报及认定

表4-13　凤城实验学校教师职级申报及认定表

姓名		学科		任教年级		拟报职级		
分级		评价维度					自评	审核
卓越教师	1.获得学校标兵班主任、学生最喜爱的老师、优秀部长或者优秀级组的优秀级长、优秀备课组的优秀备长、优秀科组的科长等校级及以上荣誉称号							
	2.准时上交各类资料，学生评价满意度95%以上，师德评价达到95分以上							

续表

卓越教师	3.开设学科特色课程、素养类课程、社会实践课程，并完成教学任务，被评为校级优秀。 分层教学学科： 　　A层学生考查得分率、低分率、合格率，以上各率发展值都大于0.5,贡献率大于9%；B层学生考查合格率、优秀率、得分率，以上各率发展值都大于0.5,贡献率大于9%；C层学生考查优秀率、高分率、得分率，以上各率发展值都大于0.5,退步率为0；四项考查指标均达标，发展值两种计算方式取最高值，具体计算方法见说明4,化学学科以初三第一次联考成绩为基础成绩。 未分层科目： 　　任教班级各率均值，各项指标都排街道30%名以前；或者个人成绩排名进步15%。 非统考科目： 　　信息技术：个人或其辅导的学生参加上级教育行政部门组织的竞赛，获得省市二等奖及以上或区一等奖。 　　美术：学生或老师参加广东省艺术竞赛或同级比赛一等奖以上。 　　音乐：学生或老师参加文艺汇演或省市同级比赛一等奖以上。 　　体育：积极参与学校各项教研活动，常年担任初三教学工作。国家体制测试成绩，优秀率或合格率超过所在年级组平均水平的8个百分点。期末学生体育专项考试（结合中考项目设置考试内容），初一级合格率达85%,优秀率达30%；初二级合格率达90%,优秀率达35%。初三体育中考，科任任教班中考成绩各指标达到街道各学校排名第二名的值。比赛成绩，参加教育部门组织的各项比赛，所带运动队获得区团体前三名或个人前两名；所带运动队获得街道各项比赛团体前两名或个人单项第一名。 　　心理：参加心理健康教育类比赛获国家级一等奖以上奖励；或在学校"评国家级以上心理特色学校"中承担主要工作，并且学校被评为国家级以上心理特色学校		
	4.完成优秀教师每学期"五个一"，每学年至少有一次区评比一等奖、市级获奖，或者在核心期刊发表文章		
	5.每学年至少开展一次读书、学习、课改校级分享会，每学年至少一次街道以上公开课；近三年主持区级或以上课题		

续表

优秀教师	1. 获得优秀级长、部长、团委书记、班主任、备课组长、学科组长或者优秀下班老师、教书育人优秀教师、课改优秀教师等校级荣誉称号		
	2. 准时上交各类资料,学生评价满意度90%,师德评价90分以上		
	3. 开设学科特色课程、素养类课程、社会实践课程,并完成教学任务,初三教师除外。 分层教学学科: A层学生考查得分率、低分率、合格率,以上各率发展值都大于0,贡献率大于7%;B层学生考查合格率、优秀率、得分率,以上各率发展值都大于0,贡献率大于7%;C层学生考查优秀率、高分率、得分率,以上各率发展值都大于0,退步小于2%;四项考查指标至少有三项达标,发展值两种计算方式取最高值,具体计算方法见说明4,化学学科以初三第一次联考成绩为基础成绩。 未分层教学学科: 任教班级各率均值,50%以上指标排街道60%名以前;或者个人成绩排名进步超过8%。 非统考科目: 信息技术:个人或其辅导的学生参加上级教育行政部门组织的竞赛,获得区二等奖及以上或街道一等奖。 美术:学生或老师参加大良街道艺术竞赛或同级比赛一等奖以上。 音乐:学生或老师参加文艺汇演或大良街道同级比赛二等奖以上。 体育:国家体质测试成绩,优秀率或合格率超过所在年级组平均水平。期末学生体育专项考试(结合中考项目设置考试内容),初一级合格率达80%,优秀率达25%;初二级合格率达85%,优秀率达30%。初三体育中考,任教班级中考成绩指标达到街道各学校排名第四名的值。比赛成绩,参加教育部门组织的各项比赛,所带运动队获得区团体前六名或运动员个人前八名;所带运动队获得街道各项比赛团体前三名或者个人单项前两名。 心理:参加心理健康教育类比赛获区级一等奖以上奖励;或在学		

续表

	校"评省级以上心理特色学校"中承担主要工作,并且学校被评为省级以上心理特色学校		
	4. 完成合格教师每学期"五个一",每学年至少一次街道评比一等奖、区二等奖以上		
	5. 每学年至少开展一次级组、科组内的读书、学习、课改分享会;每学年至少一次校级公开课;每学年主持或参与学校课题相关的一个课题,并结题		
胜任教师	1. 开设学科特色课程、素养类课程、社会实践课程,并完成教学任务,初三教师自主选择。主动申请担任班主任、备课组长、学科组长、团委书记、生活部长、级长。未担任德育岗位的教师能完成正常育人工作,如指导清洁、社会实践等管理工作,达到80分以上		
	2. 学年学生评价满意度80%以上,师德评价80分以上		
	3. 统考科目: 分层教学学科: A层学生考查得分率、低分率、合格率,以上各率发展值都大于-0.3,贡献率大于5%;B层学生考查合格率、优秀率、得分率,以上各率发展值都大于-0.3,贡献率大于5%;C层学生考查优秀率、高分率、得分率,以上各率发展值都大于-0.3,退步率小于4%;四项考查指标至少有两项达标,发展值两种计算方式取最高值,具体计算方法见说明4,化学学科以初三第一次联考成绩为基础成绩。 未分层教学科目: 任教班级成绩各率均值,50%以上指标排名街道80%名以前;中途接班老师成绩排名进步5%以上。 非统考科目: 信息技术:积极培训并带领学生参加各类竞赛,辅导学生参加上级教育行政部门组织的竞赛,获街道以上奖。没有竞赛项目,负责指导一个校级社团,并有展示。 美术:一年三大艺术活动——大良教育文化节、学校体艺节、读书科技节。按照学校及科组安排圆满完成任务。 音乐:一年三大艺术活动——大良教育文化节、学校体艺节、读书科技节。按照学校及科组安排圆满完成任务。		

续表

胜任教师	体育:积极参与学校各项教研活动,服从学校教学工作安排。考试成绩,初三科任任教班中考成绩指标达到街道各学校排名第六名的值;国家体质测试初一级合格率达70%,初二级合格率达80%,初三级合格率达到80%;学年末体育专项考试(结合中考项目设置考试内容)初一级合格率达70%、优秀率20%,初二级合格率达80%、优秀率达30%。比赛成绩,所执教运动队获得区团体比赛资格或所带运动员入选街道代表队参加区级比赛;所执教运动队获得街道各项比赛团体前70%名或者个人单项前三名。 心理:按要求完成心理咨询室档案资料;完成学校心理网站网页更新;定期组织心理团辅活动(包括初三考前团辅和初一初二各类小型团辅);心理辅导室按时值班		
	4.每学期有一套自编的试题、一份(10次)听课评课意见、一节课改研讨课(组内);每学年有一篇论文和与学校课题相关的一个结题小课题		
	5.主动研究教材教法、课程标准、考试说明,并在学校组织的考试中成绩合格		
潜能教师	参照胜任教师标准,基本完成本职工作,无不合格教师行为		
学校审评结果			

(二) 第二部分:说明

1.凡有以下任一行为者当年只能评为不合格教师:(1)因违法乱纪,受到党政及司法机关处理;(2)体罚学生,并经查实;(3)收受家长不正当礼品,并经查实;(4)从事有偿补课,并经查实;(5)在教育教学工作中出现安全责任事故;(6)因工作失职而遭有效投诉;(7)工作懈怠不负责任出现教学事故;(8)推诿、扯皮,拒绝学校、级组、科组、备课组工作;(9)因个人言行影响学校声誉;(10)师德评价考核低于60分。

2.所有竞赛评比必须是教育行政部门组织的,或者符合顺德区教学奖励要求。

3.教师出勤部分按现有方案管理。

4. 分层教学班发展值及计算方式，两种计算方式取最高值：

方式一：发展值＝（学年末考试各班各指标÷学年末考试级组各指标均值）－（分层考试各班各指标÷分层考试级组各指标均值），这种方式始终以分层考试成绩各指标为参值。

方式二：发展值＝（本次考试各班各指标÷本次考试级组各指标均值）－（前一次各班各指标÷前一次级组各指标均值），这种方式以前一次考试成绩各指标为参值。

如果发展值（F）大于 0 说明有进步，F 小于 0 说明退步，如果 F 等于 0 说明无变化。

学校管理

登高山而知天之高,临深溪而知地之厚

——北京师范大学顺德区义务教育阶段校级后备干部研修班研修总结

2018年11月3日,在顺德区教育局基础教育科吴俊副科长和顺德区教育发展中心培训部吴海坚老师的带领下,顺德区义务教育校级干部培养对象一行共60人来到北京师范大学进行了为期12天的研修学习。作为顺德义务教育学校的行政干部,有机会参与本次研修班学习,我们深感荣幸。通过研修我们不仅提升了理论与知识储备水平,更开阔了教育视野,更新了对学校教学与管理的认识,而且与来自不同镇或街道的教育同行聚集一堂,一起学习,相互交流工作经验、思路、方法,有效提升了自己理论与实际联系的水平。现将培训工作总结如下。

一、组织管理严谨,学习氛围浓厚

在开班仪式上,顺德区教育局基础教育科吴俊副科长代表教育局领导进行了开班讲话,勉励大家转变角色,认真完成学习研修任务;顺德区教育发展中心培训部吴海坚主任对本次研修学习提出了具体要求,并公布了研修班的班委成员。在学习过程中,班委成员分工合作,为同学们提供良好的学习服务。全体学员每日坚持提前10分钟到达学习地点,做好学习准备。在课堂学习中,学员在专家的引领下,积极开展小组讨论,大家在思维碰撞中提升,学习氛围浓厚。

二、课程异彩纷呈，引领指向性强

本次研修学习内容包括办学目标和理念的顶层设计、围绕办学目标的课程设计与管理、课堂教学管理与高效实施、教学质量评价与检测、学校特色的构建与实践、教育科研与教师专业成长、智慧型校长成长与管理艺术、学校文化的构建与形成、习近平新时代中国特色社会主义思想解读和社会主义文化建设与政治信念十大块内容，这些内容为我们的成长提供了丰富的知识营养。特别是各位专家的授课，激发了我们对以上内容进一步的学习欲望。听了这些专题讲座后，我们更感受到作为行政干部成长的新气息和新方向。

三、坚定政治信念，实践"四有"教师

教育部社科中心主任王炳林教授关于习近平新时代中国特色社会主义思想解读的论述，生动有趣，让我们更加明白"四个自信"的理论依据和做"四有"教师的要求。如果说"方向错了，停止就是进步"，那么作为中国教师的一分子，我们应该加强马克思列宁主义的学习，时刻以更高的思想觉悟提醒自己在工作中严格把握政治方向，让我们培养出来的孩子拥有中国心、了解中国情。

四、提升文学修养，传播传统文化

徐云知教授在"基于文化视觉理解教师职业发展"的专题中论述了"教师是不是文化人""文化人应该有什么文化""教师应该成为什么样的文化人"这一系列的问题，让我们明白了《安顿灵魂的月光》中蕴含的道理：放慢脚步，让心和灵魂跟上我们前进的步伐。长江学者刘勇教授在关于文化与人生的双重融合讲座中解读了大量的文学经典作品，把我们带入浩瀚的文学世界，同时让我们感受到刘勇教授作为当代文学大师的文学修养和个人魅力。刘教授鼓励大家要常与经典对话，做一个与经典同行的人。

面对信息爆炸发展时代,我们要培养孩子爱上阅读,如果我们都不爱阅读,又怎么能培养出爱阅读的学生呢?在参观了北师大实验小学和北京三帆中学后,我们印象最深的是,学校在培养学生综合能力方面做了大量的实践尝试。北师大实验小学为学生搭建"桃李芬芳六十载,童心妙语创未来"系列讲坛,从一个六年级孩子滔滔不绝分享他的读书故事中,我们看到这个系列讲坛为学生愿意读书和爱上读书提供了良好氛围与环境。三帆中学的分享中讲到一个经常不按时完成作业的孩子,在老师的引导下走向了航天之路的案例。我们通常以"横看成岭侧成峰,远近高低各不同"去看风景,这两个案例让我们深信,看人又何尝不是这样?每个孩子都是一个独立而特别的个体,每一个学生都有自己的长处和闪光点,作为教师,我们应该用欣赏的眼光看学生,欣赏他们的优点,包容他们的缺点。只要给以合适的方式,他们总能在原来的基础上取得进步,甚至会给予我们惊喜。

五、运用现代理念,促进学校发展

王建宗教授关于提升领导力的六大现代管理理念的讲座,让我们明白了管理应从传统走向现代的重要性。特别是管理理念一,"每一个理念要匹配一个可操作的技术",更让我们明白学校理念落地的重要途径。管理理念二,"不知道是什么,决不做什么",让学校管理者在管理中会得到教师的信任。管理理念三,"做一个会讲故事的人",这个理念让我们明白如何做一个精神领袖。管理理念四,"做一个善于系统思考的人",强调管理者管理思想体系化的重要性。管理理念五和六,分别是"养成用专门的知识从事教育的第一习惯"和"不经过反思的生活不值得过"。这六大管理理念,用简单的话语道出了深刻的管理内涵,我们将在工作中进一步实践,希望能找到适合自己的工作管理方式。

常言道:一个人能走多远,看他与谁同行;一个人有多优秀,看他读了多少经典书籍;一个人有多成功,看他与什么人相伴;有几位好同伴,将会成就你的一生。通过本次学习,深感与名师同行、与专家面对面的力量,这使我们进一步完善了自身的知识结构和理论认知水平，也看到了自身需要努力的方向，更促进了我们深入思考与实践。"登高山而知天之高，临深溪而知地之厚"，我们决心今后一方面要加大阅读量，广泛阅读各类书籍，做一个与经典同行的现代型教师；另一方面在工作上立足本职、扎实工作，用业绩来回报组织的培养，用行动和不懈努力争取更大的进步。

（本文完稿于2018年11月）

学校管理

多元课程为学生多彩人生奠基

——在顺德区第一中学外国语学校"课程建设和
课堂教学改革汇报"的发言

尊敬的各位领导、各位来宾:

大家上午好!

首先,对各位领导、嘉宾的到来表示热烈的欢迎!

能够承办此次活动,我们倍感荣幸!2016年1月,我校重新被确定为顺德区统筹管理的公立初中,2016年9月学校更名为顺德区第一中学外国语学校,并确立了与顺德区第一中学集团化办学和外语特色办学的两大方向。2017年我校被区教育发展中心确定为特色课程实验基地学校,基于此,我们选取了初高中课程衔接和以外语特色课程为方向的课程建设思路。过去的两年,我们主要从以下几个方面做了探索和尝试。

一、深入推进"互联·深度"课堂教学改革,提高课堂教学效益

随着时代的发展和课程改革深化,创新拔尖人才的培养日益迫切,学校明确提出积极开展教育创新研究和示范,确定推动新技术支持下教育模式的变革和生态重构,构建智慧教育体系,实施以"互联·深度"为理念的课堂教学改革,大胆创新课堂教学模式,提出了基于"互联·深度"理念的"RDE双主线"教学模式。"互联·深度"理念切合时代特点和我校学生特点,这也是我们今

天活动的主题。

互联,从教育学视角来看,强调教师、学生、教学资源三者之间的开放、互动、联系、对话;从信息化视角来看,指在"互联网+"背景下,利用大数据、云计算和移动互联网等先进的信息技术手段实现课堂教学的信息化、智能化,通过智慧的教与学,促进学生个性化成长。

深度,其一是以新课程标准为纲,使课程改革走向深度校本化;其二是构建新教学体系,实现技术与课程的深度融合。其三是课程的实施要重视深度学习。

学校通过一系列制度、方案的制定,保障课堂教学改革的顺利推进,形成一系列操作细则、实施方案、管理规定、行动案例等样本,提出了基于"互联·深度"理念的"RDE双主线"教学模式。这种模式要求老师做好营造和谐课堂氛围和正向课堂文化,创造学生积极动手、动口、动脑、探索参与课堂的机会,搭建学生充分展示交流、展现学习成果的舞台等细节工作;转变旧的、传统的教育观念,遵循世界教育发展的潮流,自觉运用先进的教育理念,以学生的发展为核心,注重个性、因材施教;强调学生主体性的弘扬,注重形成学生的精神力量,充分调动学生学习积极性,真正落实学生在学习中的主体地位,从而更好地提升教学质量。

二、坚持特色发展,做有自我的课程

校本课程建设是学校办学思想落地的重要抓手,也是学校特色办学的主要载体。我们秉承顺德一中"学会做人、学会求知、学会办事、学会健身"的校训和"崇尚一流、追求卓越"的一中精神,以"为学生一生发展奠基"为办学宗旨,把"以多元课程培养,为学生多彩人生奠基"作为目标。通过优化基础课程、丰富选修课程、突出拓展特色课程,为培养以外语见长、全面发展,具有本土情怀和国际视野的"四会"(学会做人、学会求知、学会办事、学会健身)卓越青少年提供课程保障。在过去的两年,我们在教发中心的引领下,总结、梳理了学校课程设置,积极构建"一体两翼三层次"卓越课程体系。

学校管理

（1）组建课程建设与管理中心以及外语特色发展中心两个专门的课程管理部门，全力做好外语特色课程构建、外语特色校园文化建设、外语特色活动设计等工作，凸显学校的外语特色，提升学校办学品位。

（2）加强学校的教学科研工作，以科研促进教育教学管理水平的提高，以高质量的教育教学管理水平带动科研发展。

（3）激发教师的积极性，鼓励本校教师申报并开设选修课26门，部分选修课已经编制了校本教材。

（4）加强与高中部的联动，以初高中衔接课程实践研究课题为载体，开设了初高中衔接课程，并积极探索初高衔接课程校本教材的编写。

各位领导、各位嘉宾，以上就是我校在特色课程建设和课堂教学改革方面做的一些尝试和探索，请各位批评和指正！再次感谢顺德教育发展中心的领导为我们提供了一个交流、展示和提升的学习平台！希望在接下来的活动当中各位领导、嘉宾给我校的工作多提宝贵意见和建议！谢谢！

（本文完稿于2019年10月）

高质教育归本素养提升　卓越课堂依托深度教研

——在顺德区教育发展中心"卓越课堂"专题会上的发言

尊敬的各位领导、专家、同行们：

大家下午好！

非常感谢区教育发展中心给顺峰中学这样一个机会，让我们总结、反思、汇报过去两年在卓越课堂建设中所做的一些尝试、努力、感悟与思考。今天我汇报的主题是《高质教育归本素养提升，卓越课堂依托深度教研》。

华东师范大学钟启泉教授说：教育改革的核心在于课程改革，课程改革的核心在于课堂改革，课堂改革的核心在于教师专业发展。这一论述清晰地告诉我们，课程、课堂、教师是教育改革的创新点、关键点和突破点，这也就明晰了教育高质量发展的路径。2023年教育部公布的《基础教育课程教学改革深化行动方案》也明确提出，坚持"一校一策"，把国家的育人蓝图细化为学校的育人施工图，明确了课程教学改革的具体路线、措施和解决难题的策略。过去的两年，顺峰中学坚持教育教学改革，在课程、课堂、教师专业发展等方面做了一些探索。

课程：出彩出新"实起来"

顺峰中学自建校以来就是构建和美课程体系，学校坚持"五育融合"，秉承

学校管理

"和谐共生、各美其美"的课程理念,形成了由和馨课程、和善课程、美行课程、美心课程组成的课程体系,学校结合新时代教育高质量发展的要求,打造面向未来、面向现代的跨学科、综合性、实现性课程群。通过创新课程内容,提升课程质量,补充和完善以往课程建设中存在的不足和缺陷,让课程出彩出新实起来。

(1)通过资源联合,实现校内外课程多维联通,引领学生素养提升和个性发展,培养兴趣所在,为学生终身发展奠基。

(2)开设 AI 人工智能课程和基于真实情景、跨学科有机融合的主题研学课程,培养学生的科学素养、多元思维、主动探索的意识。

(3)通过德育活动主题化,德育主题课程化,德育课程系列化,把育人工作做深做细,让学生尝试道德自主构建,从而提升学生的精神境界,起到思政铸魂的目的。

(4)学校也挖掘优秀传统文化在育人活动的积极价值,通过口述历史、经典吟诵、读名著品人生等系列活动,让学生走进传统文化,理解传统文化,传承传统文化。

在课程改革的过程中我们通过小活动实现大课程的主旨,践行五育并举的育人思想,在培养学生兴趣、提升学生素养、为学生终身发展奠基等方面做了一些有益的尝试。

课堂:走心走深"动起来"

2021 年区教育发展中心为深化区域联合教研,推动顺德教育高质量发展,制订了《顺德区思维课堂评价标准》,明确要求切实运用思维课堂,力求做到减量提质增实效,根植课堂谋发展,为区域内基础教育阶段课堂教学改革明晰了要求和方向;大良街道教育办也适时提出有目标导学、有互动参与、有思维培养、有评价反馈的"四有课堂"推进实施方案,为街道内学校课堂教学改革指明了方法。

顺峰中学结合区、街道关于课堂教学改革的指导,切实推进"大单元主题

教学"的课堂教学改革,过去的两年时间,我们坚持小步子、快节奏,步步为营的思想,不同阶段解决不同难题,以保证课改顺利进行。第一阶段,课改动员,解读方案;第二阶段,专家培训,理论学习;第三阶段,全面启动,学科实践;第四阶段,阶段总结,初步验收;第五阶段,深入研磨,示范引领;第六阶段,同课异构,深度培训;第七阶段,突破难点,深入推进;第八阶段,矫正指导,优化改进;第九阶段,总结经验,模式巩固;第十阶段,交流学习,经验推广。目前学校上下坚定了大单元主题教学课改的信心,做到了大单元主题教学常态化教学研讨,教学效率得到保障,在持续减负提质增效方面有一些好的效果。

在教学改革的过程中,一是我们借助武汉大学教科院及其专家团队的力量,精准解读教育改革精神、精心打磨课程改革方案,实现专业聚合,彰显大单元教学改革驾控力,助力学校高质量发展;二是在大单元主题教学改革的背景下,拓展衍生各类教研活动,形成教研活动的项目链,例如说课比赛、校本培训、学科研讨、作业设计比赛、学历案设计比赛,学生学习力、行动力的培训等活动;三是师生整体生长,浸育大单元,学校教科研氛围浓厚,教师参加各级各类主题汇报、经验分享、课例展示等活动数十次,开展学生"'解'出智慧,'题'升素养"等活动,涌现出一批优秀的学子。

我们始终以课堂为育人的主阵地,通过让课堂走心走深,让学生思维、行动活起来;始终以减负提质增效为课改的动力;以培养学生关键能力、持续发展学生素养为行动指南。

教师:见行见效"活起来"

2022年,教育部等八部门联合印发《新时代基础教育强师计划》,强调培养造就高素质专业化创新型中小学教师队伍,推动教育高质量发展。这凸显出教师队伍建设愈加重要。而打造一个学习型组织,是促进教师队伍专业发展的有效途径。那么,如何打造学习型组织呢?

一是专业提升有活水。通过不断邀请学科专家、思政专家到校指导、培训,提升教师的理论水平和教学认知、师德素养;通过同读一本书,共研共学,

提升教师的专业素养,以涵养教师的职业生涯。二是教师专业发展有活经。学校定期组织小型教师交流、学习沙龙、同课异构、跨校教研,实现同伴互助,让思维在碰撞中提升。如此灵活多样的学习方式,让老师们受益匪浅。三是教师工作有活力。学校组织教师多次参加省、市中考备考活动的研讨课、主题分享,过去一年立项或者研究的省、市、区教师、学生课题17项,发表和获奖的论文数十篇。论文、课题成果丰硕,教科研氛围浓厚,顺峰中学被评为佛山市高质量教研体系项目共同体建设学校,荣获顺德区教学质量优秀奖,获评顺德区先进学校。

教研力激活大单元,使课程建设、课堂改革、教师专业发展同向而行,形成合力。通过课程改革培养学生兴趣、提升学生素养,通过深度教研打造卓越课堂,通过教师激活专业提升,让学校的课程与教学改革走得更加坚实,实现教育高质量发展。

(本文完稿于2022年5月)

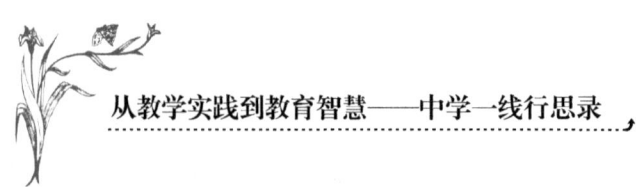

"双减"背景下减负提质中的"增"

我们这一代人的童年时代,课后作业离我们比较遥远,常常可以玩耍到日落西山,还不想回家;而今,当我们为人父母、为人师长后,我们常关心的却是孩子报了哪些兴趣班和辅导班,最关心孩子的作业是否完成。铺天盖地的作业压下来,我们在一定程度上忽略了孩子的天性和成长的规律,也造成了日益严重的教育内卷。

"双减"表面上是对教育格局的调整和对学生学业压力的关注,但是其背后隐含的则是人才培养观念的重大变革。"双减"政策对于营造良性的教育生态,促进学生的全面发展具有极其重要的意义。作为执行"双减"政策主要阵地的学校,在新的教育生态尚未完全建立之前,学校如何解答、呼应社会和家长"减负不减质"的疑惑和需求呢?我认为学校教育除了"减",还必须有所"增"。

一、丰富选修课程,增加学生学习的选择权

学生的发展离不开课程,课程是学生发展的基本路径。因此,要以"课程通整"作为切入点,推行"五育并举·五育融通"课程体系,构建基于学生发展核心素养的"大课堂"概念,拓宽学生学习的视野,增加学生学习的选择权,这是"减负不减质"的核心要求,也是学校教育减负不减质的内增点之一。

学校管理

我们可以根据自身特点,结合地域特色、文化积淀,开发个性化与差异化的课程,创设基于学生个性成长需求的课程体系,如学科素养类课程、运动素养类课程、艺术素养类课程、科技素养类课程等。充分利用校园内的学习场所,如创课室、体育馆、图书馆、阅览室、音乐室、社团活动室、文化长廊等开课。给学生创造充分选择课程的机会和权利,使学生向多元兴趣爱好和个性化发展,既可以丰富学生的知识视野,又能满足学生内在成长的学习需求。

这一类的课程是对课堂教学的延伸和拓展,打破年龄界限、班级界限,建立全学段、全领域学习共同体,通过丰富的内涵提升育人的质量,实现五育并举,促进"双减"的落实。

二、提升思维素养,创设深度学习的情境

教育的目的不仅是使学生学会知识,还要学习思维的方式。真正的教育,是批判性的独立思考,是时时刻刻的自我觉知,是终身学习的基础。实现减负不减质,对学生思维的培养就显得更为重要。

一是启发更多的课堂思维,构建深度学习的情境。聚焦学科核心素养,组织学生开展深度学习。深度学习不是深在知识的难度上,而是要精心设计学习情境,在具体的情境中激活学生主动求知的欲望,引导学生借助已有知识和经验开展创造性学习。课堂教学活动必须有质疑、展示、评价等关键环节,要扭转课堂学习以老师讲授为主的现象,打破课堂教学中的讲多学少、练多思少的习惯,培养学生思考的意识,改善学生思考的方法,养成学生善于思考的习惯,提升学生的创造性思维、批判性思维,形成以深度学习支撑学生成长的生态,这是减负不减质的重要条件。

二是通过"双增"实现"双减",打造思维课堂。一方面增加老师集体备课的时间,由此前的一周一备,变为一周两备,把新授课备深备透,出现的新问题利用集体二次备课进一步研讨,从而保证课堂教学的效率,减少课后辅导和炒冷饭的低效率,从而减轻学生课后作业负担,这也是落实减负提质的关键环节。另一方面主要学科的备课组长由一人增加为两人,分工合作,增加学术探

187

讨、学术交流的频次，爆发更多思维的火花，让教研活动更具有生命力。

双增的目标是为了实现深度学习，打造思维课堂，培养学生良好的思维习惯，这是减负不减质的内在要求，同时也有助于实现师生共同双减。

三、构建校外素养课堂，扩大学生学习的空间

"双减"的本质不是减，而是给孩子更大的发展空间！孩子们走出校园，带着已有的知识和经验走进社会、体验社会、感悟社会尤为重要。

开展以"我体验、我快乐、我成长"为主题的体验式社会实践活动，有利于提高学生的综合素养，是落实素质教育的有力举措。进一步完善校外素养拓展课程体系，为学生成长提供更全面、更充分的发展空间。借助研学基地、爱国主义教育基地、顺德历史文化景点等校外教育服务设施，开展志愿者服务、社区服务等丰富多彩的社会实践活动。让学生把前期获取的知识经验在生活中再现、迁移、应用，这个学习过程具有开放性、综合性、实践性。

例如顺峰中学观鸟社开展的教学活动。观鸟社于2012年创办，建有顺峰山公园观鸟基地、伦教鹭园观鸟基地，经过多年努力，取得了不错的成绩。观鸟社的事迹被多家媒体报道和转载，观鸟社师生参加了《制造之都鸟的天堂》和《美丽西江》纪录片的拍摄。这个课程培养了学生关爱生命、热爱大自然的感情。学生把具体的生物学知识和自然界真实的鸟类观察相结合，走出课室，认识鸟类，亲近自然，了解生物与环境的关系，通过沉浸式的体验，增强环保意识。

社会实践活动，可以扩大学生学习的空间，是"五育融通"的桥梁。把书本知识与社会实践相结合，使学生思维素养、道德素质和文化素养有所提升，体会到体验式教育的乐趣，是"双减"背景下对教育的另一个重要的要求。

四、创新家校共育机制，增进亲子交流的厚度

对于绝大部分住宿的初中生来说，周末才能够回归家庭。"双减"政策实施后，作为家长，我觉得要从以下几个方面做好和孩子的交流与沟通。

一是培养孩子阅读的习惯。现在中高考试题对考生阅读的要求越来越高,而阅读能够有效积累知识,促进孩子思维的发展。亲子阅读、共同探讨,不失为一种好的方法。

二是培养孩子运动的习惯。球类运动有助于培养孩子的发散思维,也有助于培养孩子的团队意识;游泳、围棋等运动有助于培养孩子的专注度。建议家长在能力富余的情况下让孩子参与1—2项运动,提升孩子的专注度、记忆力和竞争意识。

三是培养孩子劳动的习惯。让孩子参与到家庭生活中,最起码能够整理自己的房间和物品,对家庭做一些力所能及的贡献,培养孩子的公民意识、分析判断能力和责任感。

既要借助线上平台,对家长进行培训,如"全朗 e 家";也要依托学校德育团队、心理教师、德育专家等开设家长课堂,开展线下的家长培训活动。为家长提供一些方法和策略,实现家校共育。

总之,通过丰富素养课程、提升学生思维、扩大学生学习空间、增加亲子交流,实现提质减负。也需要学校、家庭、社会分工合作,构建一个系统的课堂。按照课内课外、校内校外、有类别、有侧重,对教育资源有效整合,五育并举,从而减负不减质,实现立德树人。

(本文完稿于2022年7月)

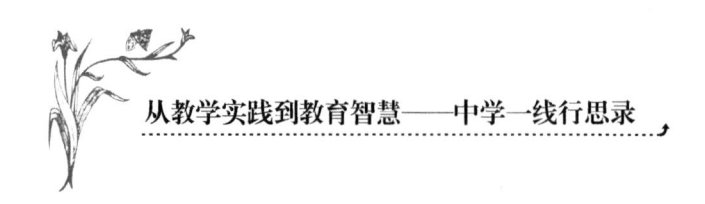

现代治理对学校公共关系的重构

——以顺峰中学现代学校管理制度为例

一、现代学校治理和学校公共治理关系

现代学校治理是指学校相关利益主体依据国家法律法规与学校章程，通过多元主体的合意民主、合谋共治、协商对话、相互协调来实现学校共同目标的活动过程。

学校公共治理关系是指在学校治理过程中所形成的学校教育相关主体间的关系及其行为的制约关联，它既包含学校内部关联又包含学校外部关联。外部关联主要是指政府、学校、社会三者之间的关系及其协调，如一般所说的体制机制改革；内部关联是指学校内部校长、教师、学生、家长之间的关系及其协调。

二、顺峰中学现代学校管理制度产生的背景

现代学校制度，在政治意义上强调新型政校关系，政府向学校放权；在经济意义上强调学校产权和法人制度，突出市场机制的调节作用；在管理意义上强调专家治校和民主参与。目前，现代学校制度涉及：教育的公共性和公益性、产权法人和法人治理结构、校长权力、学生的多元发展和终身发展

以及学校评价制度、教育中介组织建设、政府变革与政校关系等。广东省紧跟形势,以学校章程为切入点,深化了学校内部制度改革。

顺峰中学于2009年由政府斥巨资兴建,人员构成复杂。学校从创建之日起便确立了"文化立校、和美办学"的方向。为争取社会力量对学校教育的支持和参与,于2012年成立了顺峰中学和美教育促进会。和美教育促进会是校长负责制下的学校教育公益组织,设理事会、基金会、监事会和秘书处,具有相对比较完善的组织结构。为进一步从制度上解放师生的管理依赖,缓解并消除体制惰性,激活教育活力,建立现代学校制度成为当务之急。

三、顺峰中学现代学校制度治理模式、基本内容和主要做法

(一)和美共治、六会联动的现代学校治理模式

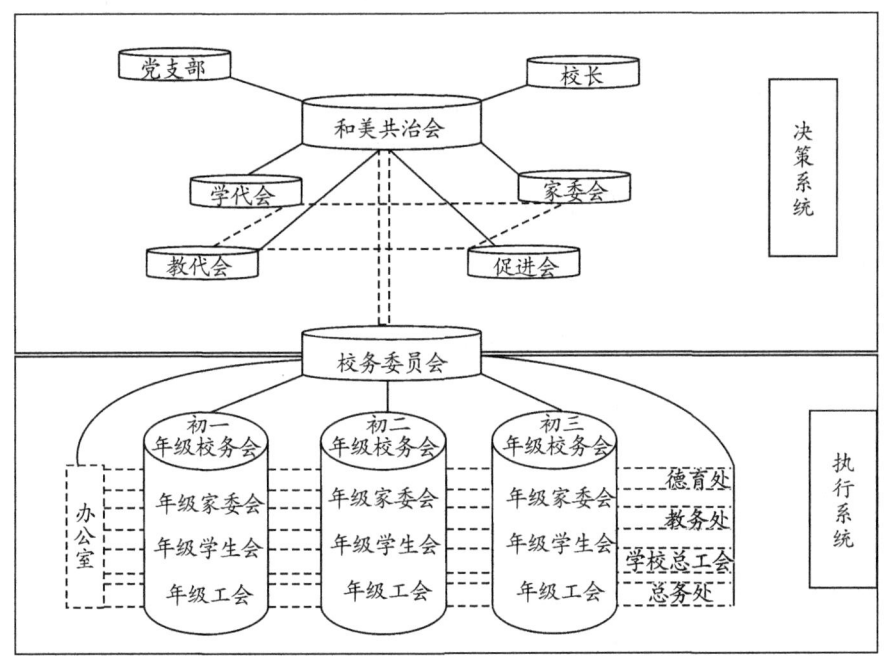

图4-4　顺峰中学和美共治、六会联动的现代学校治理模式

(二)顺峰中学现代治理模式的基本内容

1. 加强文化认同,开启多方参与的民主共治

学校立足"和美"主题,加强文化引领,推动品牌建设,倡导"顺峰家人"和谐人际与"和美顺中"合作共进的精神,形成了强大的内部凝聚力。对外推动学校教育对公共事业的作用和社会对学校教育的参与,以和美教育促进会为平台多方吸纳支持学校发展力量。

2. 扩大议事权、明确决策权,增强社会办学参与度

理清学校权力与校长权力,学校实行集中决策、分权管理、分部执行、社会参与、民主监督的治理模式。进一步明确"和美共治会"在学校发展决策中的地位,通过学校章程确立多方参与、民主决策的治理原则。

决策系统中,利益相关方学代会、教代会、家委会、促进会处于平等地位,"和美共治会"是各方代表的集合,是学校发展决策机构,发挥咨询、决议、评议功能。

为体现校长负责制,"'和美共治会'的最终决议交校长签署,由校务委员会具体执行"。在尊重校长作为学校法人的基础上清晰界定了"和美共治会"的决策职能。为了解决决策层面和执行层面的含混不清,章程对决策的范围也做了明确的界定。对"和美共治会"的组成、议事规程、表决制度、常务机构的设置和职能以及临时会议的召开等做了明确规定。学校章程还依据法规,对教代会、学代会、家长大会、和美教育促进会和校务委员会的权限分别做了界定。

(三)顺峰中学现代学校制度建设的具体做法

1. 现代学校治理的稳步实施

顺峰中学在制度试行、校内管理结构、学校章程之间搭建平台,实现了螺旋式上升,确保了制度的科学性和实操性。《顺峰中学现代发展制度手册》收集了顺峰中学章程、共治会议事规则、校务委员会规程及机构改革实施方案。

2. 落实校内扁平化管理

校务委员会下设教工事务委员会和学生事务委员会,负责处理相关

事宜。

教工事务委员会又分推优评先小组、学术委员会、财务管理小组和协调小组。推先评优小组负责教师德育工作和教学业绩的考核和评定。学术委员会承担起了教师职业培训、教育科研课题和成果的申报与审核、课程设置和课改审议。财务管理小组负责财务预算审议、财务收支审议和公开。协调小组承担教师内部纠纷解除和利益均衡。变行政主导为"自己的事,自己做主",使教师的权利得到落实,真正当家作主。如学校膳食问题的解决,有教师膳食委员会、学生膳食委员会,还有不定期来学校体验的家长义工。膳食存在的问题及时发现,不同主体的意愿得到尊重,充分发挥民主监督功能。学校还成立教师纠纷调解委员会和学生纠纷调解委员会。民主参与管理的职能得到了充分体现。

3. 权力重心下移,加强了自主管理

决策机构做出的决议由校务委员会执行。校务委员会是教工代表组成的中枢机构,介于决策系统和执行系统之间,下设年级管理委员会。校务委员会的设置,减少了学校决策层和操作层之间的间隔层次,尽可能将决策权向级组校务委员会基层下移;改变了组织、信息沟通方式——由传统行政层化纵向沟通向现代的扁平化横向沟通转变,决策更民主化。校务委员来自普通教师,通过民选产生,公信力强,学校能够及时、多渠道地了解教师的建议,提高了教师管理学校的积极性,也激发了学校的教育活力。

4. 信息技术手段向现代学校治理全过程渗透

为加强学校教育教学全过程的有效管理,学校灵活运用信息技术手段来提升运营效率。

首先,依托钉钉生态平台,打造学校移动办公系统。

构建合理的钉钉组织架构,形成一个共生数据库。根据学校实际情况与需要,建立学校管理部门、年级组、学科组、后勤服务部门、家校通讯录这一钉钉组织架构。在相同部门架构里,钉钉平台会自动组建内部群,在内部群里,老师们可以相互进行教学沟通与研讨。年级组长或学科组长担任管理员,组织管理好年级组或学科组的事务。钉钉平台上的所有数据,都是基于这个钉钉组织架构共生出来的。随着实际教学教育活动中人员变动(如教师任课安排变动等),架构下的人员也会发生变动,在此变动下,钉钉所有数据也随之发生变化。所有数据都建立在同一个数据库下,这样有效地打破了"数据孤岛"现象,让数据联动起来,使数据发挥更大的作用。

善用钉钉公告、审批功能、智能填表等实现移动办公。学校通过钉钉公告把学校计划、每周工作安排、通知等信息对全体教师进行发布,教师可以通过手机、平板或者电脑接收到相关信息,实现便捷的 OA 功能。同时,钉钉平台的"已读""未读"功能可使通知等文件的传达情况一目了然,没有阅读的,可以通过"Ding 一下",利用短信和电话提醒功能提醒未查阅信息的人。学校从实际情况出发,结合钉钉的审批功能,制定了教师请假审批流程、文印申请审批流程、公章使用申请审批流程、功能场室使用申请审批、总务报修、电教设备报修、物品申请审批流程等。通过钉钉对应的审批申请应用,教师可随时随地根据自身需要发出对应的申请,之后平台自动推送到对应的审核部门或审核领导进行审核,这样既便捷又高效,还能同时通过推送功能实现多级联动与消息互通。除此之外,平台对于所有的审批都有数据统计功能,通过数据统计,可以有效记录各类审批申请,为学校日后工作计划提供数据支撑。

利用钉钉氚云自由搭建个性化功能系统。在钉钉架构的基础上,学校购置氚云搭建服务,从学校的实际需求出发,由学校信息技术部门专门开发个性化功能系统,如学校学期末的教师评价系统。该评价系统由学生对教师的教育教学评价、教师师德与工作情况评价、后勤服务评价三部分组成。具体内容为对学科老师教学评价、对班主任评价、选评最喜欢的老师、对学校家长评价、对生活老师评价、对学校饭堂评价等。整个评价系统采取无记名方式,电脑端与手机端互联互通,评价数据即时记录并统计与分析。通过该评价系统,每学期学校都能从数据里了解到学生对学校教育教学的想法与评价情况,能及时地调整学校对应决策与计划。

学校管理

其次,利用星级班德育量化管理系统整体布控学校德育常规管理。

各班级每天产生的德育常规数据通过学校的星级班德育量化管理系统进行平时的数据积累,如学生的考勤情况、学校一卡通、纪律考核、班级与公区清洁卫生情况、班容班貌、学生仪容仪表检查情况、宿舍管理情况、板报评比、门窗水电、升旗仪式集队情况、饭堂管理、班级资料上交情况、每月联检情况、其他加分项等。该系统支持多用户同时登陆、支持数据批量导入、支持手机通知等,具有数据统计与分析功能。通过该系统,不但能很好地记录并量化平时班级管理的情况,还能通过该系统的分析与对比等功能,让学校管理团队,尤其是德育处能及时了解各班情况,通过数据跟踪各班级持续德育情况,并能及时整改。班主任也能及时了解到自己班级哪些地方被扣了分、哪些地方需要改善与教育等。每学期末,学校通过该系统数据,评选出学校优秀星级班级与红星班级班主任,并给予表彰;同时也可以通过该系统数据,分析过去一学期德育工作情况,及时总结与反思学校德育工作的不足,总结经验加以完善。

四、顺峰中学现代学校制度治理产生的成效和创新推广价值

(一)顺峰中学现代学校制度治理产生的成效

教师主动参与学习和课改,工作热情高涨。学校组织骨干教师参与省、市、区、街道各项专业培训活动,每学期组织参加各项校外培训近二百人次。每学期组织参加请专家进校、进课堂的培训近几千人次。近年来,名师和教坛新秀比例快速提升,占比超三分之一。

学校坚持以学生发展为本,通过社团、多项科技等活动,培养孩子们的兴趣,激发他们的求知欲,使学生成为复合型的创新人才,取得了斐然的成绩。近几年,获得世界、国家、省、市各种奖励的学生每年成倍增长。学生学业成绩进步明显,连续几年的中考,区属卓越高中上线录取人数均过百人,使得学校成为极受区域高中欢迎的优质生源学校。

学校先后被评为"佛山市义务教育优质学校""广东省义务教育规范学

校""广东省中小学心育特色学校""广东省绿色学校""中国青少年创客奥林匹克系列活动实验基地""中国教育信息化首批 STEM 教育及创客教育实验学校"" '中国 STEM 教育 2029 行动计划'首批种子学校",先后 9 年获得"顺德区先进学校"殊荣。

(二)顺峰中学现代学校制度治理的创新推广价值

2013 年 1 月教育部发布的《全面推进依法治校实施纲要》要求,学校要建立公正合法、系统完善的制度与程序,保证学校的办学宗旨、教育活动与制度规范符合民主法治、自由平等、公平正义的社会主义法治理念要求。顺峰中学以建设现代学校制度为目标,落实和规范学校办学自主权,为政府依法管理学校,学校依法办学、自主管理,教师依法执教,社会依法支持和参与学校管理提供了创新实践案例,是实现现代学校制度治理的创新之举,具有广泛的实践创新推广价值。

顺德区在顺峰中学举办了全区教育教学改革成果分享会,顺峰中学还举办了基于学生发展核心素养的学校变革全国研讨会,来自全国各地的专家和学校代表给予了充分肯定。近三年,随着标杆学校建设和现代化窗口学校建设的稳步推进,顺峰中学的影响面和辐射力得以大幅提升,见证了制度改革带来的长远效能。

(本文完稿于 2022 年 10 月)

学校管理

大单元主题教学实践与思考

一、课改与新课改

课改,全称为课程改革,是指对教育体系中课程目标、结构、教材、评价等方面进行的变化和调整。新课改全称为"新一轮基础教育课程改革",是我国教育领域的一次重大变革。它是以邓小平同志的"教育要面向现代化,面向世界,面向未来"的思想为指导,全面推进素质教育,旨在培养德智体美劳全面发展的人才。新课改注重学生的主体地位,强调学生的综合素质和创新能力培养,以适应新时代对人才的需求。

二、新课改要主动发挥学校的组织效能

(一)学校内部教研力的重塑

顺峰中学在推行大单元主题教学课改之初,就特别重视学校内部教研力的重塑,从"研究—实践—反思—重建—再实践—提炼"教研提升过程着手,一方面加强学科组和备课组自主学习组织的建设,推动其专业自主学习机制的构建,另一方面是增加教研频次,推动专题再教研和反复教研。

在教学实践中,顺峰中学构建"三位一体"校本教研新模式,建立以"教务处+教研室+教研组"新的教研组织。

教研活动中,教师围绕"如何以课题研究为载体,构建教师成长共同体"和"如何以同课互动式评课为抓手,提升教师教学水平"等问题开展,将其作为教师共同发展的具体策略和方法。

(二)高水平外部教研力的引入

学校实施新课改推进不顺利,往往在于教师不知道怎么"改"。如果有相对比较成熟的课改模式,不妨先移植或嫁接过来,即便是出现不适,甚至产生课改排异也没关系,这意味着有了调整的空间。以外部推动激活内在需求,不失为好的做法。

顺峰中学在推行课改的时候,适值街道开展教育"双创"行动。学校被街道确定为首批"创建现代化窗口学校",这为我们引入高水平外部教研力创造了条件。武汉大学教科院对基础教育研究拥有雄厚的实力,其研究又对接了武汉不少的中小学,累积了丰富的课改实战经验。学校综合考量,将与武汉大学教科院的联合教研作为学校推行课改的突破口。

(三)构建学校间联合教研共同体

学校间开展联合教研,组建教研共同体,既是推动新课程改革的需要,又是教育发展的时代要求。我们对同一课题,不同学校的教研组经过集体讨论、交流,确定教学重点,形成教学设计,挖掘集体智慧,提高备课功效,再通过"同课异构"课堂展示,课后深入交流,并开展专题研讨。这既实现了学校间的取长补短,又促进了优质教研的共建共享。

三、创新并完善校本课改新模式

学校邀请多位学科专家莅临学校开展培训,深入科组集体教研,搭建学科内容和核心素养的桥梁,明晰了大单元课堂教学改革的实施路径,创新了"专家引路—名师赋能—复盘教研—课例深入—深度教研"的校本课改新模式。

课堂教学改革,必须牢牢抓住课堂主战场、主阵地,通过"实践—总结—再实践—再总结"的形式,就大单元主题课堂教学改革中的热点难点问题进行集中研讨。学校按照全面启动、分步实施、重点突破、整体推进的思路开展工作。

每学期推出多节精彩的课改研讨课,通过校内大单元主题教学研讨课、收集学科优秀课例、撰写教学反思,学科知识整合和学案设计能力明显加强,大单元主题教学朝着"内化于心、外显于行"推进。

大单元主题教学专家同课异构,老师通过个人自备、专家指导,再到二次备课、精心打磨,最后精彩呈现,各科组已经涌现出一批课堂教学改革新星和名师,走在了学校课堂教学改革的前沿,初步形成各科大单元主题教学模式。

建立了"以学校为基地,以教师为主体,以各种教学具体问题为对象,关注学生学习生活,推广科研成果,从而促进教师专业成长"的有效教研制度,让科组、备课组成为学习主阵地,形成集体备课制度,优化教学策略,让课堂教学改革理念化为以课题实验为主导、以案例研究为载体的行动研究,让教研制度成为习惯,促进教师专业发展。

学校收集了数百篇培训心得、课堂实录及听评课记录,为老师积累了丰富的教学比赛素材,加快了教师课堂教学创新和教师专业成长的步伐。多位老师参加全区教学能手大赛,其中冯丽条老师获得顺德区一等奖。该老师还参加了佛山市教学能手大赛,被评为"佛山市教学能手"。

四、顺峰中学新课改的具体实施与成效

顺峰中学作为顺德区品牌学校、大良街道标杆学校、现代化窗口学校,我们深刻体会到:着力实施课堂教学改革,是提升课堂教学质量的基本途径,而教师是实施课程改革的关键因素。自2022年5月获评顺德区义务教育阶段课程与教学改革第一批种子学校以来,根据顺德区教育发展中心下发的《顺德区义务教育课程与教学改革种子学校职责清单》《顺德区义务教育课程与教学改革种子学校培育成果验收标准》等文件精神,结合本校实际,我们在课程改革、课程实施、师资培训、校本研修等方面做了大量细而实的工作。

(一)新课改的阶段性推进

2021学年第二学期新学期教职工大会上,我做了题为《踔厉奋发笃行不怠,久久为功行稳致远》的发言,指出学校将逐步推进"大单元主题教学"课堂

改革,鼓励老师们积极参与;王苏波副校长重点解读了《顺峰中学课堂教学改革实施方案》(图4-5),明确提出:每一位老师都是课堂教学改革实验教师,人人都要参与培训,个个都要投身改革,积极主动参与课改,为学校的发展助力。

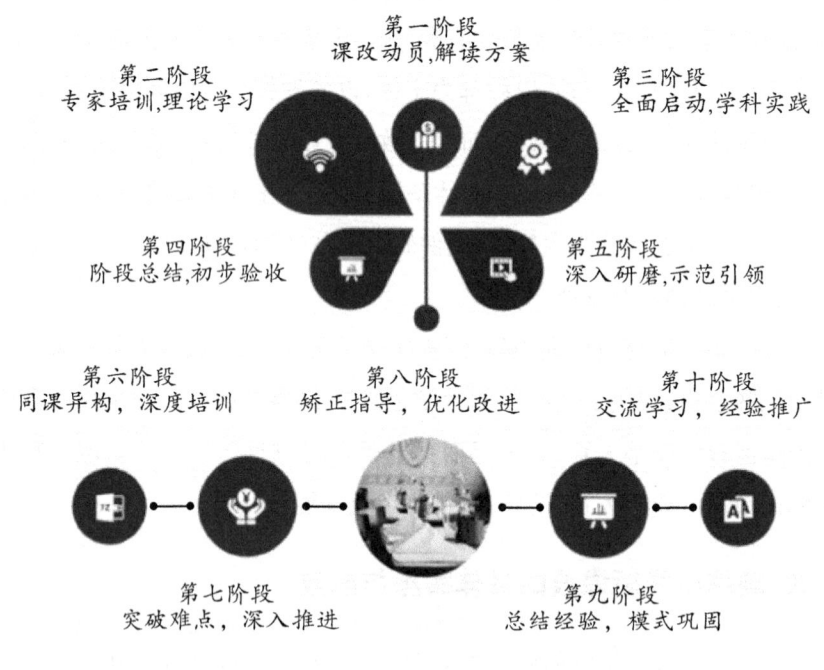

图4-5 顺峰中学课堂教学改革实施方案

学校将逐步推进新一轮课堂教学改革,鼓励老师们积极参与

王苏波副校长解读课改方案

图4-6 第一阶段:课改动员,解读方案

学校组织全体教师,认真学习顺德区教育发展中心下发的文件、大良街道"四有课堂"相关精神,让每位教师明白课堂教学改革的重要性,增强实施课堂教学改革的自觉性和责任感。改革之初,学校邀请多位学科专家莅临学校开展培训,深入科组集体教研,搭建学科内容和核心素养的桥梁,明晰了大单元课堂教学改革"专家引路—名师赋能—复盘教研—课例深入—深度教研"的校本课改新模式。

各位科长在专家的指导和帮助下迅速行动,通过查阅网站、资料等方式自主研究大单元主题教学,利用每周集体教研时间组织科组老师进行学习。

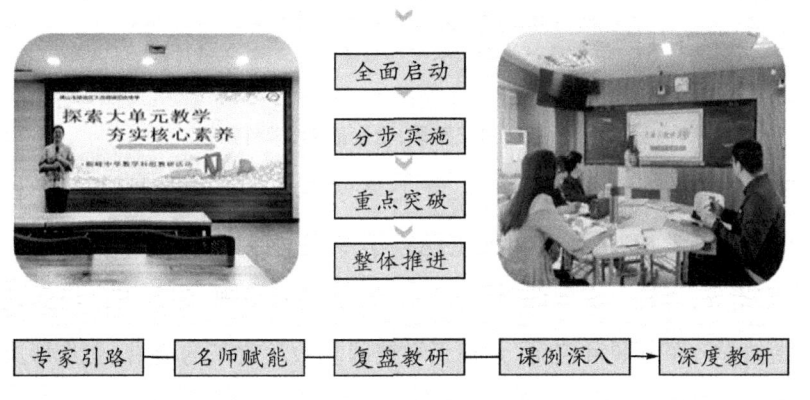

图4-7 第二阶段:专家培训,理论学习

为了营造课改氛围,我为全体教师精心挑选课改书籍,老师们认真研读,不断自我学习提升。在每周的教学工作会议时间,推出课堂教学改革系列分享,定期进行课堂教学改革阶段总结,邀请学科组长、备课组长结合学科研讨课,进行评课,邀请优秀教师代表进行大单元主题教学分享。

(二)依托课堂阵地深化课改实践

课堂教学改革,必须牢牢抓住课堂主战场、主阵地,通过"实践—总结—再实践—再总结"的形式,就大单元主题课堂教学改革中的热点难点问题进行集中研讨。每个学期推出多节精彩的课改研讨课,参与听课老师占比超过85%,

听课节数超过 300 节。通过校内大单元主题教学研讨课、收集学科优秀课例、撰写教学反思、听评课记录,教师的学科知识整合和学案设计能力明显加强,大单元主题教学朝着"内化于心、外显于行"推进。

"教研力激活学习力,大单元推动新课堂"
——2022学年第一学期顺峰中学大单元主题教学研讨课

图 4-8　第三阶段:全面启动,学科实践

2022 年 11 月,学校邀请了省、市、区各学科名教师、教研员、兄弟学校优秀教师代表莅临学校,进行大单元主题教学专家同课异构,老师们通过个人自备、专家指导,再到二次备课、精心打磨,最后精彩呈现,各科组已经涌现出一批课堂教学改革新星和名师,走在了学校课堂教学改革的前沿,初步形成各科大单元主题教学模式。

2023 年 3 月,学校承办了"2023 年省中考二轮备考研讨会",聚焦广东省新中考命题新思路,借鉴佛山、东莞、中山、珠海、江门等先进地市经验,探索高效、精准、科学的系统备考方案。我们学校共有七位老师执教公开课,与省内外专家名师同课异构,全部采用大单元主题教学模式,课堂均以学历案为载体,设计合理、教学高效,兼具科学性、时效性和针对性,受到了与会专家、老师们的一致好评。

学校管理

表4-14 2023年广东省中考第二轮备考研讨会分学科讲座

	学科	专家讲座
文科会场 【第一场】 09:00—10:35 【第二场】 10:40—12:00	语文	周华章 《基于"大概念教学"的写作和基础板块高效复习策略例谈》
		管德欣 《因"材"施教 回归文本》
	英语	陈莉 《中考英语作文训练、备考以及应试》
		刘晓斌 《义务教育新课标新理念下的中考英语备考教学》
	道法	邱莎 《"教学评"一致性视域下的初中道法教学与备考》
		王立国 《中考命题中核心素养的考查探索与备考策略》
	历史	朱云志 《2023年中考历史的命题趋势与复习策略》
		钟小敏 《广东省中考历史试题画像及临摹技巧》
理科会场 【第一场】 09:00—10:35 【第二场】 10:40—12:00	数学	高艳玲 《强基础、重规范、提能力、培素养》
		张青云 《深研考情 探变固本——从备课组团队谈中考备考》
	物理	黄振雄 《基于新课标下新中考备考策略的研究》
		杨中华 《核心素养视域下的中考物理备考策略》
	化学	胡继先 《落实"双减" 紧扣课标 发展素养——广东中考试题探析与备考方略》
		张华 《新课标指向下的深度学习和智慧备考》

除了研讨课,我们还组织开展顺峰中学教师作业设计比赛等活动,在大良街道教研室的指导下,搭建学科作业超市,丰富作业类型,优化作业设计,真正发挥作业育人功能,确保学生作业管理规范化、科学化。全面贯彻教育方针,坚持"五育并举",落实立德树人根本任务,发展素质教育。

> "目标导向",让作业设计做到"心中有谱"
> "学生理解",让作业布置做到"适切个性"
> "诊断改进",让作业反馈做到"精准高效"
> "有据可依",让作业管理做到"规范有序"

学科作业:构建学科知识网络
德育作业:感受生活热爱生活

图4-9 细作深耕,加强作业管理

(三) 依托新课改实现教师发展

2022学年第二学期,我们继续从学历案、研讨课等方面深化课改。

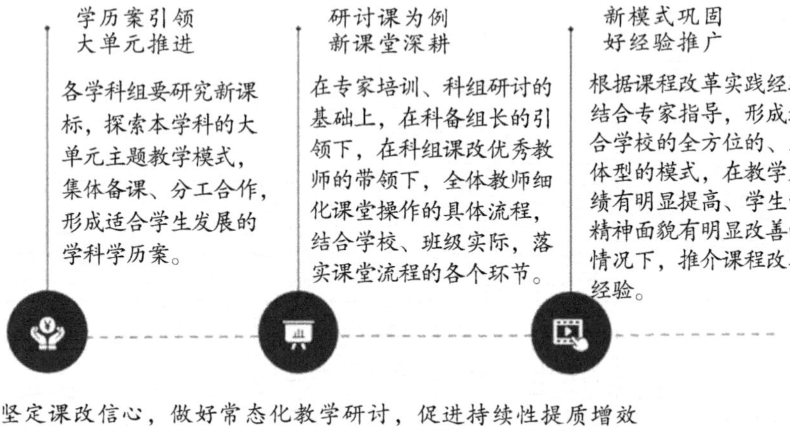

学历案引领 大单元推进	研讨课为例 新课堂深耕	新模式巩固 好经验推广
各学科组要研究新课标,探索本学科的大单元主题教学模式,集体备课、分工合作,形成适合学生发展的学科学历案。	在专家培训、科组研讨的基础上,在科备组长的引领下,在科组课改优秀教师的带领下,全体教师细化课堂操作的具体流程,结合学校、班级实际,落实课堂流程的各个环节。	根据课程改革实践经验,结合专家指导,形成适合学校的全方位的、立体型的模式,在教学成绩有明显提高、学生的精神面貌有明显改善的情况下,推介课程改革经验。

坚定课改信心,做好常态化教学研讨,促进持续性提质增效

图4-10 第五阶段:深入研磨,示范引领

2023年2月,学校组织了全学科教师进行学历案说课比赛,来自12个学科的骨干老师积极筹备,精彩展示。结合学科特色,针对"大单元""大概念""大情境""大任务"进行了精心的教学设计和展示,再次为我们打开了新课标新理念、大单元大教研的教育教研大门,将继续不懈探索,具体单元整体设计,打造高效教学课堂。

在专家培训、科组研讨的基础上,在科备组长的引领下,在科组课改优秀教师的带领下,全体教师细化课堂操作的具体流程,结合学校、班级实际,落实课堂流程的各个环节,推出新一轮与武汉大学教科院、顺德一中西南学校的联合教研活动。

表4-15 顺峰中学与武汉大学教科院、顺德一中西南学校联合教研活动

大单元教学提质增效，同课异构携手共发展（上课、听课环节）
——武汉大学教科院与顺峰中学、顺德一中西南学校联合教研活动
（第16周—第17周）

日期	学科	学段	周次	具体时间	课题	班级	教研地点	上课老师	备注	电脑老师录课
5月23日	语文	初二	第16周周二第2节	9:10-9:55	部编版八年级下册第六单元《马说》	初二19班	云录播室	顺峰中学吴糟璐	全体语文老师参加	黄源允
			第16周周二第3节	10:05-10:50		初二17班	云录播室	一中西南张饶嘉	全体语文老师参加	朱海燕
5月30日	数学	初二	第17周周三第5节	14:10-14:55	北师大版下册第6章《6.3等可能性的概率》第三课时	初二17班	云录播室	顺峰中学王卓鹏	全体数学老师参加	艾琪
			第17周周三第6节	15:10-15:55		初二18班	云录播室	武大附中王苔	全体数学老师参加	林伟涛
5月26日	英语	初一	第16周周五第2节	9:10-9:55	外研版7年级下册第11模块第二单元 第一课时M11 U2 Here are some ways to welcome them	初一12班	云录播室	顺峰中学谢端	全体英语老师参加	林伟涛
			第16周周五第3节	10:05-10:50		初一11班	云录播室	一中西南胡王红	全体英语老师参加	林伟涛
5月24日	物理	初二	第16周周二第2节	9:10-9:55	人教版8年级下册第十二章第2节《滑轮》第一课时	初二3班	云录播室	顺峰中学袁志明	全体物理老师参加	林静莎
			第16周周二第3节	10:05-10:50		初二5班	云录播室	武汉市东西湖初级中学郑方圆	全体物理老师参加	林静莎
5月25日	道法	初一	第17周周三第2节	9:10-9:55	部编版七年级下册第四单元第十课第二框《我们与法律同行》	初一6班	云录播室	顺峰中学周思捷	全体道法老师参加	吴成良
			第17周周三第3节	10:05-10:50		初一5班	云录播室	一中西南庄仪	全体道法老师参加	朱海燕
5月31日	历史	初二	第17周周四第5节	14:10-14:55	部编版八下第三单元复习课《中国特色社会主义道路》	初二9班	云录播室	顺峰中学丁晓欣	全体历史老师参加	艾琪
			第17周周四第6节	15:10-15:55		初二8班	云录播室	武汉市灵家山学二中赵海媛	全体历史老师参加	冯伟强
6月1日	生物	初一	第17周周三第2节	9:10-9:55	人教版七年级下册第四单元第四章《人体内物质运输》复习课	初一9班	云录播室	顺峰中学陆世慧	全体生物老师参加	吴成良
			第17周周三第3节	10:05-10:50		初一10班	云录播室	武大附中李芳芳	全体生物老师参加	黄源允
5月29日	地理	初二	第17周周三第2节	9:10-9:55	湘教版七年级下册区域地理专题复习《能源的合理开发》	初二10班	云录播室	顺峰中学严春花	全体地理老师参加	艾琪
			第17周周三第3节	10:05-10:50		初二11班	云录播室	一中西南周蔓佳	全体地理老师参加	林静莎

2023年5月,教务处全面统筹进行学历案设计比赛,让课堂教学改革理念化为以课题实验为主导和以案例研究为载体的行动研究,促进教师专业发展。

图4-11　学历案设计大赛

在推进大单元主题教学改革过程中,老师们积极参与学校组织的分享活动,及时进行阶段总结,并撰写心得体会和论文。截至目前,学校收集了数百篇培训心得、课堂实录及听评课记录,为老师们积累了丰富的素材,加快了教师课堂教学创新和教师专业成长的步伐。

多位老师参加全区教学能手大赛荣获区奖,其中冯丽条老师代表顺德区参加佛山市历史学科教学能手大赛,被评为"佛山市教学能手";陈剑洪老师代表顺德区参加佛山市历史学科青年教师比赛,荣获"优秀青年教师"称号;张丽媚、陈智敏被评为顺德区"教坛新秀";周伟龙、吴祖敏老师评为大良街道"教坛新秀"。在顺德区各类教学教研活动中,多位教师进行课堂教学改革主题发言。

在学校全面推行"大单元主题教学"改革的背景下,学校科研氛围浓厚,在多项省级、区级课题立项研究中,多篇论文在省级以上刊物发表,数十篇论文、

课例在市区评比中获奖。仅在2022学年第二学期,学校开展研究的课题共15个,省级1个,区级9个,街道3个,学生课题4个;共有76篇论文案例在区论文评比中获奖,56人参加论文宣读活动;对各类比赛中获奖数量的初步统计如下:省级7个,佛山市级15个,区级110个,街道级90个,共222人次获奖,成果丰硕。

(四)依托新课改实现学校持续提质增效

1. 各学科涌现出一批课改先锋和骨干教师,形成了学科学历案模板

2. 办学质量节节攀升,中考备考三年一盘棋

在全体老师的共同努力下,学校的教育教学质量迅速攀升,尖优生培养卓见成效,目前在校的三个年级发展态势良好。初一、初二年级在区、街道组织的历次大考中,成绩优异。

2023年中考,顺峰中学成绩突出,单科满分人数多,卓越高中自主招生亮点突出,初三年级组被评为大良街道"优秀教育团队"。

3. 名师引领促成长,教无止境同前行

学校涌现了一批学科名师:佛山市基础教育名教师白建元,大良街道名教师王苏波、韩小艳、张庆春、何柳明。各位名师积极发挥示范引领作用,引领教师专业发展。

4. 学校荣获多项荣誉

2022年5月以来,学校先后荣获顺德区义务教育课程与教学改革种子学校、顺德区2022年初中教学质量进步奖、广东省信息化优秀学校和成果培育对象、佛山市高质量教研体系项目"共同体建设学校"、大良街道义务教育阶段"现代化窗口学校"创建单位、顺德区先进学校、顺德区2023年初中教学质量优秀奖,学校拟被推荐为佛山市中小学英才计划基地学校、佛山市中小学(幼儿园)教师校本研修示范校等。

图4-12 2023年顺峰中学荣获"顺德区先进学校"称号

表4-16 佛山市中小学(幼儿园)教师校本研修示范校创建拟推荐名单暨区级拟创建名单(排名不分先后)

序号	学段	学校名称	申报学科(领域)	备注
1	高中	佛山市顺德区李兆基中学	语文、生物	区级,推荐市级创建
2	高中	佛山市顺德区华侨中学	管理者培训、地理、历史	区级,推荐市级创建
3	高中	佛山市顺德区罗定邦中学	数学、化学	区级,推荐市级创建
4	高中	佛山市顺德区容山中学	美术、心理健康、班主任	区级,推荐市级创建
5	高中	佛山市顺德区乐从中学	语文、政治、化学	区级,推荐市级创建
6	初中	佛山市顺德区第一中学外国语学校	英语、历史、地理	区级,推荐市级创建
7	初中	佛山市顺德区大良顺峰初级中学	语文、历史	区级,推荐市级创建

(本文完稿于2023年10月)